LOS CUATRO
SECRETOS
SAGRADOS

DEL AMOR Y
LA PROSPERIDAD

Título original: THE FOUR SACRED SECRETS: For Love and Prosperity, A Guide to Living in a Beautiful State
Traducido del inglés por Antonio Gómez Molero
Diseño de portada: Editorial Sirio, S.A.
Maquetación de interior: Toñi F. Castellón

© de la edición original
2019 de OWA Holdings, Inc.

© de la presente edición
   EDITORIAL SIRIO, S.A.
   C/ Rosa de los Vientos, 64
   Pol. Ind. El Viso
   29006-Málaga
   España

www.editorialsirio.com
sirio@editorialsirio.com

I.S.B.N.: 978-84-18531-09-5
Depósito Legal: MA-209-2021

Impreso en Imagraf Impresores, S. A.
c/ Nabucco, 14 D - Pol. Alameda
29006 - Málaga

Impreso en España

Puedes seguirnos en Facebook, Twitter, YouTube e Instagram.

 El papel utilizado para la impresión de este libro está **libre de cloro** elemental (ECF) y su procedencia está certificada por una entidad independiente, no gubernamental, que promueve la sostenibilidad de los bosques.

PREETHAJI & KRISHNAJI

LOS CUATRO SECRETOS SAGRADOS

DEL AMOR Y LA PROSPERIDAD

UNA GUÍA PARA VIVIR EN UN ESTADO DE BELLEZA

EDITORIAL
SIRIO

*Este libro está dedicado a la transformación
de la conciencia humana hacia la unidad
con la totalidad de la vida.*

Índice

Introducción

Preethaji

Al abrir las puertas y entrar en el porche, siento como la frescura del aire se humedece. La brisa trae, desde la lejanía, el aroma de la tierra mojada. En el cielo se juntan dos grandes nubarrones negros, descargan lluvia y siguen su camino. El agua baja desde el tejado y forma charcos en el jardín. Una rana croa con fuerza y otra responde; pronto se forma una orquesta. Mis sentidos explotan de alegría. Siento como la dicha me llega por los cuatro costados antes de sumergirme en un estado de profunda calma. Mi director financiero me llama desde Los Ángeles para hablar de nuestra próxima aplicación de meditación... La quietud interior se mantiene a través de la conversación... y las palabras fluyen.

¿Por qué la vida no nos parece siempre tan fácil?

¿Por qué tenemos tan pocos momentos profundos, ricos y satisfactorios en nuestras relaciones? ¿Por qué progresamos tan despacio cuando queremos alcanzar un logro y encontramos obstáculos tan grandes en el camino?

¿Por qué la felicidad es tan fugaz? Sentimos un destello de alegría cuando vemos a nuestros hijos sonreír, cuando abrazamos a nuestros seres queridos, cuando nos felicitan por un buen trabajo. ¿Por qué nuestra euforia se desvanece tan deprisa, y en su lugar aparecen la ansiedad, la preocupación o la duda?

Durante miles de años, los seres humanos hemos buscado respuestas a estas preguntas. Hemos seguido innumerables estrategias para despertar a una existencia más armoniosa. Nos hemos esforzado en perfeccionar nuestras habilidades, en dominar tanto las viejas disciplinas como las técnicas más actuales.

Pero ¿todas estas estrategias nos han acercado más a las vidas con las que soñamos? ¿O solo producen resultados temporales?

Sin duda, no hay nada malo en un enfoque táctico. Pero nuestra meta es ayudarte a ir más allá de la mediocridad y despertar a un poder mucho mayor que cualquier técnica que puedas dominar, un poder que te permita crear una vida repleta de prosperidad y amor. Solo tienes que sacarlo a la luz.

Es el poder de una conciencia transformada.

Para decirlo con otras palabras, no estamos hablando de volver a entrenar la mente o de adoptar mejores hábitos, sino nada menos que de transformar la manera en que percibes la realidad. La manera en que te percibes a ti mismo y al mundo que te rodea. *Todo.*

Piénsalo durante un momento.

¿Qué significaría percibir la vida de una manera completamente diferente? ¿Sentirte como si nuevas partes de tu cerebro se hubieran activado y acelerado? ¿Ver oportunidades donde antes solo veías obstáculos? ¿Sentir que, por fin, el tiempo y la fortuna están de tu parte?

¿Qué sería posible con una conciencia tan poderosa?

Si eres como muchas de las personas que hemos conocido en las últimas tres décadas, tienes hambre de ese conocimiento. Hace cincuenta años, mis suegros, Sri Bhagavan y Amma, fundaron Oneness,* una organización espiritual dedicada a ayudar a los individuos a pasar de sobrevivir a vivir. Y veinte años después, mi marido, Krishnaji, y yo fundamos One World Academy, nuestra propia escuela de filosofía y meditación para transformar la conciencia. Han pasado dos años desde que mis suegros nos entregaron la dirección de Oneness a Krishnaji y a mí, y desde entonces hemos fusionado estas dos grandes organizaciones para crear O&O Academy. Nuestro plan de estudios ha ayudado a miles de personas a cultivar relaciones sin dolor, a alcanzar logros sin agresividad y a vivir sin miedo. Les ha enseñado a pasar de la separación a la conexión, de la división a la unidad, del estrés a la serenidad, y a transformarse a sí mismos, durante el proceso, como individuos y como miembros de familias y organizaciones.

O&O Academy no es un *ashram*** en el que quedarse a vivir, sino una organización que imparte a sus estudiantes un aprendizaje dinámico. Tomas lo que aprendes aquí y lo aplicas a la vida cotidiana. Ofrecemos cursos para adolescentes, adultos jóvenes, familias, buscadores espirituales,

* Unidad. (N. del T.)
** Lugar de retiro espiritual y meditación, monasterio. (N. del T.)

creadores de riqueza conscientes y líderes que desean una «actualización de la conciencia».

En un principio, muchos acuden a Krishnaji y a mí buscando exactamente el tipo de consejo estratégico que acabo de describir, pero pronto se dan cuenta de que todas las estrategias no son nada en comparación con los conocimientos y la magia que desarrollan en sus vidas como consecuencia de despertar al poder puro de la conciencia.

Piensa que este libro es una guía para liberar el asombroso potencial de la conciencia humana. Desgraciadamente, a la mayoría nunca se nos ha enseñado a aprovechar esta profunda fuente de sabiduría. No es de extrañar que nos pasemos tanto tiempo pensando en la felicidad y en los logros que queremos alcanzar, y haciendo planes para conseguirlos, como si se tratara de invitados a los que resulta imposible convencer para que se queden a tomar una taza de té.

En las páginas siguientes, compartiremos contigo cuatro secretos sagrados, que te sintonizarán con el gran poder de la conciencia. A cada secreto le corresponde un periplo vital diseñado para liberarte de todo lo que te impide realizar tus sueños, acceder a estados expansivos de conciencia y conectarte profundamente con tus seres queridos.

La gran recompensa de una conciencia transformada es que llegarás a experimentar una forma de estar en el mundo que Krishnaji y yo llamamos un «estado de belleza». Desde ese estado, vivimos con alegría y sin esfuerzo. Las oportunidades comienzan a llegar a tu vida con facilidad. De la nada aparecen desconocidos que se convierten en amigos y te prestan su apoyo. A cada paso del viaje encuentras ayuda. Ya no te sientes estancado. Tu intuición está despierta.

La idea central de este libro es bastante sencilla: solo hay dos estados de ser, estado de sufrimiento y estado de belleza. Un estado crea a tu alrededor un campo de energía de caos. El otro invita a acontecimientos armoniosos en tu vida. Por lo tanto, la elección más importante que podemos plantearnos es: «¿En qué estado quiero vivir?».

Pero esta idea también plantea una pregunta: una vez que tomamos la decisión, ¿podemos vivir continuamente en un estado de belleza?

No, no podemos. La decisión por sí sola no es suficiente. Primero debemos comprender que los estados de sufrimiento son a menudo inconscientes y están profundamente arraigados. Arraigaron en nosotros ya sea epigenéticamente,[*] prenatalmente, en nuestra primera infancia o incluso en nuestros años más recientes.

Nuestros estados de sufrimiento nos impiden sentir esta sensación de integridad, calma, alegría y coraje. Pero podemos superarlos.

Si no aprendemos a liberarnos de los estados de sufrimiento, se repetirán una y otra vez hasta que nuestro

---

[*] Una de las implicaciones más sorprendentes en los recientes hallazgos en el campo de la epigenética hace referencia al impacto de las experiencias vividas por una persona, especialmente las traumáticas, en su árbol genealógico y cómo se transmite a sus descendientes. Ya que existen numerosos estudios que apoyan la hipótesis de que los efectos de un trauma pueden transmitirse a las siguientes generaciones a través de la epigenética (que es es el estudio de los cambios que activan o inactivan los genes sin cambiar la secuencia del ADN). (N. del T.)

estado de ánimo dominante sea la tristeza, la irritación o la ira. Mientras nos sintamos heridos no podremos crear felicidad, relaciones ni riqueza duraderas.

Incluso si usamos nuestra frustración como acicate, la satisfacción que nos brindarán nuestros logros será temporal. O, lo que es peor, nuestro ascenso a la cima tendrá un precio tan elevado que nos preguntaremos: «¿Mereció la pena?».

Una vez llegados a ese punto, la meditación, la oración o las vacaciones pueden parecernos tan eficaces como echarle cubitos de hielo a un volcán.

Hace falta algo más que bálsamos; hace falta transformación.

Hemos sido coautores de este libro para compartir nuestra propia experiencia del poder del estado de belleza, así como las de nuestros estudiantes que han transformado sus vidas desde su interior en todos los aspectos: desde el desarrollo de relaciones duraderas hasta el logro de carreras satisfactorias y exitosas. Hemos cambiado adrede los nombres, los países de origen y los antecedentes de estos estudiantes para preservar su privacidad, sin alterar ni un ápice la autenticidad de sus ideas y sus experiencias de transformación.

Tal y como reflejan estos casos, si sientes curiosidad por transformar tu conciencia, descubrirás que puedes vivir, amar y lograr tus metas sin la sensación de estar siempre esforzándote. Una vez que asimilas estos secretos sagrados, el universo se convierte en un amigo que vela por ti y te apoya con sincronicidades mágicas que te dan fuerzas a lo largo del camino.

Comencemos este viaje juntos.

Pero antes de empezar, nos gustaría hacerte una sugerencia: no te precipites al leer estas páginas. Es conveniente que releas a menudo *Los cuatro secretos sagrados del amor y la prosperidad*. La verdad que contienen sus palabras se volverá más evidente con cada día que pase. Podrías leer algunas secciones como parte de una práctica diaria de meditación o llevar el libro contigo para que te ayude a encontrar claridad ante los numerosos desafíos diarios de la vida. Conviértelo en algo tuyo escribiendo en él notas, preguntas y reflexiones a medida que lo lees. Cada vez que vuelvas a estas palabras, tendrán una nueva lección que ofrecer.

Haz una pausa para reflexionar sobre cada concepto. Toma nota de cualquier sentimiento o idea que surja, así como de cualquier coincidencia que ocurra a medida que despiertas al poder de la conciencia.

Mi despertar

Krishnaji

Preethaji y yo acabábamos de viajar al lago Big Bear, en el sur de California, con nuestra hija, Lokaa, que en aquella época tenía cinco años. Era la primavera de 2009. Estábamos disfrutando de unas vacaciones que llevábamos tiempo esperando, y subimos juntos a la cima de la montaña para admirar la belleza que nos rodeaba.

El inmenso lago de agua azul cristalina parecía no tener fin. Manchas verdes y blancas reflejaban la tierra y el cielo. Líneas de plata y oro líquidos atravesaban la superficie prístina. Me embriagaba la frescura y el olor de la tierra que inundaba mis pulmones: esperábamos un gran cambio de temperatura al llegar a lo alto de las montañas, pero no habíamos imaginado que la brisa del lago alimentado por la nieve sería tan helada. Mi cuerpo y mi mente estaban totalmente despiertos.

Después de unos momentos, la emoción de Lokaa rompió el silencio.

—¡*Nanna*, *nanna*, mira! —gritó, empleando el término cariñoso que se usa en el sur de la India para «papá».

Tirando de mi brazo, señaló hacia el puerto deportivo, donde dos motos acuáticas estaban entrando en el muelle. Preethaji y yo nos miramos. ¿Cómo podíamos decir que no a ese entusiasmo?

La emoción de Lokaa era realmente contagiosa. El instructor de moto acuática también tenía un aire jovial. Después de repasar lo básico, preguntó:

—¿De verdad quieren chalecos salvavidas?

Lo hizo de una forma tan despreocupada que casi inmediatamente le dije:

—No, no hace falta.

No habían pasado ni treinta segundos cuando Preethaji me dio un codazo y me dijo:

—Vamos a aceptarlos.

Enseguida me di cuenta: ¡por supuesto que los necesitábamos! Preethaji no sabe nadar. Agarramos los chalecos y nos dirigimos a nuestra moto acuática.

Mientras yo arrancaba, el instructor se esforzaba por transmitirnos las directrices finales tratando de hacerse oír entre el ruido del motor y los aplausos de Lokaa. Nos explicó, a voces, que debíamos vigilar la velocidad y evitar los giros bruscos. Y, justo cuando empezamos a alejarnos, gritó:

—Si volcáis, poneos en posición vertical en siete minutos, o se hundirá.

Nos pusimos en marcha. Lokaa me hacía reír:

—¡Más rápido, *nanna*, más rápido!

Ya habíamos atravesado una gran distancia, pero parecía que podíamos seguir recorriendo kilómetros y kilómetros por el lago.

Quería proporcionarles una experiencia inolvidable a Lokaa y Preethaji, de manera que llevé las cosas al límite. Empecé a correr en zigzag con la moto acuática tratando de crear una ola hermosa y grande. Lo que sucedió fue que la moto volcó y nos caímos.

Oscuridad absoluta. Estábamos todos bajo el agua. El miedo se adueñó de mí cuando sentí que Preethaji me tiraba desesperadamente de la ropa. ¿Dónde estaba Lokaa? Agitándome, me dirigí a la superficie y vi a ambas aparecer con sus chalecos salvavidas bien abrochados.

A Preethaji le había entrado agua en los pulmones y jadeaba intentando respirar. Mientras ella luchaba por estabilizarse, mi mente iba a mil revoluciones. ¿Y si le hubiera pasado algo? ¿Y a Lokaa? Transcurrieron unos minutos antes de que pudiera tranquilizarlas y consolarlas. Lokaa se recuperó antes que Preethaji.

—¿*Nanna*? —gritó Preethaji—. ¿Cómo le damos la vuelta a este cacharro?

Las palabras del instructor resonaron con fuerza en mi mente mientras la tensión crecía. Nos estábamos acercando al límite de los siete minutos, así que seguramente la moto acuática comenzaría a hundirse de un momento a otro.

Estábamos atrapados en aguas heladas con los teléfonos empapados. No hacía falta ser muy perspicaz para pensar que alguien que fue tan despreocupado con los procedimientos de seguridad podía haberse olvidado de nosotros. En un momento de pánico pensé: «¿Y si no viene nadie a ayudarnos? Nos congelaremos en estas frías aguas». Aunque no pudimos colocar la moto en posición vertical, afortunadamente seguía flotando. Todavía tendríamos que esperar a que alguien nos rescatara, pero por el momento parecía que el mayor peligro había pasado.

Mientras tanto, mi mente seguía acelerada. No podía dejar de enfurecerme por las deficientes instrucciones que nos dieron en el puerto deportivo; estaba muy enojado, y deseando cantarle las cuarenta al instructor de motos acuáticas. Al mismo tiempo, me esforzaba en entender por qué había ocurrido eso. Las preguntas corrían por mi cabeza atropelladamente.

«¿Por qué le ha pasado esto a mi familia? ¿Será que hay un karma negativo? ¿Estaba destinado a suceder como parte de algún plan cósmico?».

¿Qué lección se supone que debía aprender de todo ello?

Ninguna de las respuestas que se me ocurrían me hizo sentir mejor. Si hubiera podido atribuir el accidente al karma, a un plan cósmico o a alguna lección que necesitaba aprender, saber eso con seguridad habría disuelto mi ira y me habría brindado algo de paz, con lo que habría dejado de hacerme preguntas. En cambio, ni mi enojo ni mis preguntas cesaban.

«¿Qué es lo que está pasando exactamente? ¿Qué es este sufrimiento que siento en mi interior?».

Siempre me he sentido cómodo haciéndome preguntas profundas como estas. De hecho, se podría decir que me educaron precisamente para eso. Mi padre, Sri

Bhagavan, es un maestro espiritual y fundador de la organización espiritual Oneness. De ese movimiento surgió el fenómeno de *deeksha*, la bendición de Unidad. Durante su niñez, mi padre tuvo una visión mística de una gigantesca esfera dorada de luz, que lo impulsó a orar y a meditar por la liberación de la humanidad. Luego fundó una escuela donde, además de la educación convencional, los niños aprendían el arte de las relaciones felices. Yo también estudié allí.

Quince años después de que cesaran las visiones de mi padre, comenzaron espontáneamente en mí. Tenía once años cuando empecé a experimentar estados de conciencia que no se parecían a ninguno de los que había oído hablar o experimentado antes. Y estos estados de repente fueron fluyendo desde mí hacia mis amigos y compañeros de estudios.

Cuando mi padre me preguntó un día si podía compartir conscientemente con los demás la experiencia que había tenido, le dije que sí. Entonces transferí esos estados a otras personas, y estas empezaron a tener la misma visión de la esfera dorada de luz.

Algunos lo llamaban Dios; otros, amor; otros, lo sagrado.

Gracias a esta infancia única que tuve, nunca he dudado en investigar los misterios de la vida. Y, sin embargo, las cuestiones filosóficas en ningún momento habían adquirido tal urgencia.

Por desgracia ninguna de las explicaciones a las que me aferraba hacía que me sintiera mejor, mientras me encontraba encallado en las frías aguas. Ninguna me ayudaba a recuperar la calma. Sentía como me ponía rojo de indignación al pensar en aquel instructor tan inútil. Ni siquiera nos había explicado cómo teníamos que enderezar la moto acuática si volcábamos. ¿Cómo pudo olvidarse de enseñarnos algo tan importante? ¿Cómo se podía ser tan negligente?

No era capaz de desprenderme de mi ira. Mi pensamiento iba en círculos. Eso me resultaba extraño, porque desde mi infancia nunca he dejado que la perturbación se enraizara en mí.

Incapaz de soportar durante más tiempo mi caos interior, enfoqué la atención hacia dentro con una profunda determinación. Enseguida vi la pura verdad. Comprendí que no estaba enojado con el universo, la vida o el instructor; en realidad con quien estaba enojado era *conmigo*.

Después de todo, dejándome llevar por mi entusiasmo en el puerto deportivo, había dicho que no necesitábamos chalecos salvavidas. De no haber sido por la insistencia de Preethaji en que los usáramos, ese día podría haber perdido a mi familia.

Ver la verdad silenció completamente mi caos interior.

Lo que sucedió a continuación solo puede describirse como un proceso en el que me vacié por completo.

Cada cobijo en el que alguna vez me haya refugiado en momentos de sufrimiento —cada idea metafísica en la que haya encontrado consuelo al enfrentarme a la infelicidad— desapareció. La comodidad y la seguridad dejaron de ser opciones.

Me abalanzaba a una velocidad inimaginable hacia... ¿dónde? No lo sabía. En el gran silencio interior me di cuenta de la verdadera naturaleza de todos los momentos de sufrimiento que había experimentado. Lo que acababa de comprender irradiaba por todo mi ser: la raíz de todo sufrimiento es el pensamiento obsesivo y egocéntrico.

Lo que finalmente entendí no era solo mi propio sufrimiento. Presencié el sufrimiento de toda la humanidad. Entonces comprendí con total claridad la principal razón de toda la infelicidad humana: esa obsesión con *yo, yo, yo*. La preocupación, la ansiedad, la tristeza, el descontento, la ira y la soledad surgen cuando el pensamiento gira persistentemente en torno a uno mismo.

Todas las fibras nerviosas de mi cuerpo empezaron a vibrar al comprender que el único modo de liberarse de las tensiones y la infelicidad es romper el hechizo de esa obsesión con uno mismo.

En este momento sentí que el yo «experimentador» había desaparecido por completo. Ya no había un hombre que sufría o no sufría, ni nadie que causara el sufrimiento. No existía Krishnaji esperando que alguien rescatara a su familia. No había un yo aislado.

No tenía límites. Experimenté una gran sensación de unidad con Preethaji y Lokaa y todo lo que me rodeaba. No sentía ninguna distinción entre ellos y yo, entre la Tierra y mi cuerpo que nació de la madre Tierra.

Mientras miraba con atención ese cuerpo que llamaba mío, vi a mi madre, a mi padre, a mis abuelos y a sus padres —todas las generaciones que vinieron antes que yo—. Podía ver que todos los seres humanos, desde el principio de los tiempos, eran mis ancestros.

No existían seres separados, ni cosas, acontecimientos o fuerzas separados. Vi dentro de mí la inmensidad del océano y el cielo y todo lo que había entre uno y otro. Yo era el universo. El universo entero era un organismo gigante, un gran proceso en el que todo incluía todo lo demás.

Lo que existía era lo Único, lo Sagrado. Lo que en la cultura hindú denominamos «Brahman» o lo que algunos llamarían lo Divino.

Pero no sentía lo Divino como algo separado de mí. No había separación. Ni tiempo.

La experiencia pareció durar una vida entera, aunque estuvimos en el agua apenas veinticinco minutos hasta que llegó un equipo de rescate. Mientras esperaba que llevaran a mi familia a un lugar seguro, surgió dentro de mí un gran entusiasmo: anhelaba ayudar a todos los seres a sentir lo que acababa de sentir, quería ayudarlos a ser libres.

Quiero que nos liberemos de la idea de que estamos separados los unos de los otros. Que nos liberemos de la guerra que sentimos dentro de nosotros mismos y con el mundo a nuestro alrededor. Que nos liberemos del sufrimiento que hace que nuestras vidas nos parezcan insignificantes y sin sentido.

Sabía que el destino de todos y cada uno era una vida hermosa vivida en estado de belleza. Había visto la salida del sufrimiento. El camino estaba despejado.

I

El primer secreto sagrado: vivir con una visión espiritual

El primer secreto sagrado: vivir con una visión espiritual

Krishnaji

Tómate unos minutos de descanso antes de comenzar tu viaje.

Por favor, al llegar aquí haz una pausa.

Respira profundamente tres veces.

Di lentamente en tu interior:

«Que encuentre las respuestas que busco.

Que descubra las soluciones que necesito.

Que mi vida sea hermosa».

Ahora ya puedes continuar.

A lo largo de la historia del mundo ha habido numerosas civilizaciones, religiones y culturas. Todas han surgido y desaparecido, pero la búsqueda de otro estado de conciencia se ha mantenido intacta a través de los tiempos en la historia de la humanidad. Este entusiasmo por experimentar la vida desde un estado elevado es algo que comparten todas las religiones, razas y culturas. Esta pasión espiritual de vivir con plenitud, de conectarse en profundidad, de amar plenamente constituye el núcleo de cada ser humano del mundo, sea o no consciente de ello.

El estado de conciencia se puede experimentar de diversas formas: como felicidad pura, amor incondicional, coraje sereno o presencia tranquila. La búsqueda de un estado elevado se suele asociar con los *hippies* o con aquellos que se retiran de la vida. Se asume que es un mundo en el que solo se adentran quienes están desilusionados con la vida o han perdido el interés por ella. Durante siglos la transformación del estado de conciencia se perseguía como un fin en sí mismo; sin embargo, Preethaji y yo hacemos una clara distinción a este respecto. Creemos que nada podría estar más lejos de la verdad que esta suposición.

Nuestras propias vidas son la prueba de ello. Preethaji y yo estamos muy comprometidos con la vida: somos marido y mujer, padres de nuestra hija adolescente, y también nos esforzamos en cuidar la salud y el bienestar de nuestros padres. Dirigimos una academia de estudios de la conciencia de renombre internacional, que solo en el último año ha llegado a más de sesenta y nueve mil quinientos estudiantes de diversos países de cada rincón del globo. Intervenimos directamente en todos los aspectos de la academia, desde la formación de los miembros del profesorado hasta el diseño de los cursos y la enseñanza de las clases superiores. Asimismo, hemos fundado dos grandes organizaciones benéficas que han tenido una extraordinaria influencia en las vidas de más de medio millón de habitantes de más de mil aldeas alrededor de nuestra academia. Hemos tenido un impacto positivo en la vida de más de doscientos veinte mil jóvenes de varias escuelas y colegios de la India que han pasado por nuestros cursos. También hemos establecido cinco empresas globales para las que hemos actuado como visionarios y guías en los últimos años. No exageramos al decirte que estamos profundamente satisfechos de lo que hacemos y que tenemos mucho éxito en todo ello. Muchos de quienes nos observan desde fuera se preguntan cómo logramos hacer tanto.

Les decimos que es el poder de nuestra conciencia.

Todos somos mucho más que nuestras mentes limitadas. Mucho más que nuestros cuerpos. Somos seres trascendentales. A medida que despiertes al poder de tu conciencia, te volverás más poderoso. Y cuanto más intervenga en tu ayuda el universo, utilizando cada vez menos esfuerzo, más mágica se volverá tu vida. Esta es la clave de los secretos que vamos a compartir contigo. Si quieres encontrar soluciones a tus problemas, si quieres que tus deseos se cumplan, debes despertar al poder de tu propia conciencia.

Lo que estamos a punto de contarte la fortalecerá lo suficientemente como para que seas capaz de lograr lo que deseas de corazón. Estos cuatro secretos sagrados los extrajimos de nuestras propias vidas y han funcionado en las vidas de todos los que los aprendieron.

De manera que abre el corazón. Desde el momento mismo en que empieces a leer y asimilar cada uno de estos secretos sagrados, verás como los milagros comienzan a producirse en tu vida.

Descubre el primer secreto sagrado.

El primer secreto sagrado: vive con una visión espiritual. ¿Qué estado interior te está guiando?

Preethaji

Esta antigua fábula te hará comprender el primer secreto sagrado. Léela con atención.

Dos monjes, Yesmi y Nomi, volvían a su monasterio tras un día de enseñanza en la aldea cercana. En el camino de regreso, tenían que cruzar un río. Justo cuando estaban a punto de adentrarse en él, escucharon el llanto de una mujer.

Yesmi se acercó a la mujer y le preguntó qué le sucedía.

«He de volver con mi hijo pequeño, que me está esperando en la aldea al otro lado del río. Pero no puedo, porque las aguas han subido», dijo. Le partía el corazón pensar en su hijo llorando toda la noche porque ella no estaba.

Yesmi se ofreció a llevarla hasta el otro lado del río. Cuando la dejó en la otra orilla, la mujer le dio las gracias, y los dos monjes continuaron su camino hacia el monasterio.

Tras un largo e incómodo silencio, Nomi finalmente habló. En tono agitado dijo:

—¿Te das cuenta de lo grave que es lo que acabas de hacer?

Yesmi sonrió y dijo:

—Sí.

Nomi continuó:

—El maestro dijo: «Nunca mires a una mujer», ¡y tú le hablaste! El maestro dijo: «Nunca hables con una mujer», y la tocaste. Dijo: «Nunca toques a una mujer», y tú la has llevado a cuestas.

Yesmi le contestó con calma:

—Es verdad, pero yo la dejé en el suelo hace media hora. ¿No eres tú quien la sigue cargando?

Los dos monjes de la historia representan los dos estados internos que experimentan todos los seres vivos. En cada momento de nuestras vidas, estamos viviendo en un estado de sufrimiento o en un estado de no sufrimiento.

Llamemos a este estado de no sufrimiento «estado de belleza», porque cuando no estamos sufriendo sentimos que la vida es bella.

Si no te sientes identificado con el término *sufrimiento*, reemplázalo por la palabra *estrés*. Por lo general, el estrés se refiere a la tensión; pero la ira, el miedo, la soledad, la frustración son estados estresantes, ¿no es así? El término *sufrimiento* abarca todos estos estados.

Los estados hermosos hacen referencia a experiencias de serenidad, conexión, pasión, alegría, vitalidad y paz interior. Cuando no vivimos en un estado armonioso, nuestro estado por defecto es el estrés o el sufrimiento.

Si analizamos cada uno de los acontecimientos de nuestra propia vida o del mundo que nos rodea, vemos detrás de ellos la fuerza motriz de estos dos estados del ser. Detrás de la guerra o la paz, las adicciones o la socialización saludable, la persistencia o el fracaso, la bondad o la crueldad, la cooperación o la política corrosiva y, en último término, unos niños felices o una generación desgraciada siempre subyace o bien estado de sufrimiento, o bien un estado de belleza.

Volvamos ahora a nuestra historia, teniendo en cuenta que Yesmi personifica un estado de belleza y Nomi un estado de estrés o sufrimiento.

Nomi había creado un problema inexistente en su mente y se estresaba tratando de resolverlo. Yesmi resolvió el problema real de un ser humano y siguió caminando en paz.

Nomi estaba agitado antes, durante y después del encuentro con la mujer. Su agitación interior lo llevó a complicar excesivamente las cosas y a actuar de forma irracional.

Yesmi, mientras actuaba, estaba totalmente presente. Una vez terminada la acción, su salida de la situación también era total. En un estado de belleza, no pensamos compulsivamente acerca del pasado ni sentimos ansiedad sobre el futuro. Experimentamos la simplicidad interior y la agudeza de una mente despejada. Estamos conectados con el presente.

Nomi estaba perdido porque los estados estresantes nos desconectan. Cuando somos Nomi, podemos estar entre una multitud alegre y aun así sentirnos ausentes. Nos sentimos solos incluso cuando estamos con amigos íntimos.

El estado de Yesmi era diferente; él estaba presente. También sentía el desamparo de Nomi y trató de ayudarlo a salir de él con una sabia pregunta.

Cuando vivimos en un estado de belleza, somos lo suficientemente sabios para ayudarnos a nosotros mismos y a los demás. Nuestras acciones son decisivas y poderosas.

Todos hemos tenido momentos en los que hemos sido Yesmi, y otros en los que hemos sido Nomi. Todos hemos vivido en un estado de estrés y desconexión, y hemos contribuido a crear caos en nuestra vida y en la de quienes nos rodean. Del mismo modo, también hemos vivido en hermosos estados de conexión y hemos contribuido así a nuestro bienestar y al del mundo entero.

A lo largo de nuestros años de observación de la conciencia y su manifestación en la vida, hemos notado un patrón recurrente. Resulta indudable que el sufrimiento es destructivo y los estados de belleza dan vida y rejuvenecen. En numerosas ocasiones, hemos observado que cuanto más vive alguien en un estado de sufrimiento, más se convierte su vida en una especie de red enmarañada de la que aparentemente no es posible escapar. Los problemas, la confusión y el caos se acumulan. La vida se convierte en una batalla sin fin.

Cuando prolongamos los estados de sufrimiento, frustración, desilusión, celos u odio, cada aspecto de nuestras vidas se siente fuera de lugar. Nos peleamos con nuestras familias, con el trabajo, con el gobierno. En los estados de sufrimiento, tenemos la impresión de que todas las fuerzas del universo nos son hostiles.

Vemos que independientemente de lo que decidamos o de cómo actuemos nuestra vida se vuelve cada vez más caótica.

También vemos, en innumerables ocasiones, que al vivir en un estado de belleza comienzan a producirse mágicas «sincronicidades». Quizá te preguntes: «¿Qué es una "sincronicidad"?». Las sincronicidades son coincidencias significativas, acontecimientos favorables y armoniosos que favorecen a tus intenciones. Es como si el universo, que se mueve al azar, adoptara un patrón de conducta que responde a tus anhelos más profundos, para apoyarte.

En un estado de belleza nos volvemos más creativos, y encontramos soluciones extraordinarias para los problemas. Nuestras relaciones dañadas sanan, y surgen otras nuevas que nos revitalizan. Nuestro pensamiento se vuelve más claro, nuestro intelecto más agudo, nuestra mente se serena y nuestro corazón entra en un espacio de conexión.

Si el concepto de estado de belleza te parece un tanto confuso o no estás seguro de haberlo entendido correctamente, recuerda que al hablar de estado de belleza nos estamos refiriendo a una rica gama de experiencias. Puede comenzar como serenidad, felicidad, gratitud, amor o coraje. La esencia de un estado de belleza es la ausencia de diálogo interno conflictivo, una mayor presencia en la vida y una conexión más rica con quienes te rodean. A medida que evolucionas, puedes despertar a estados trascendentales como la paz, la serenidad, la compasión, la alegría y la valentía. En estos estados fluyes con la vida. Despiertas a la unidad e interconexión de toda la existencia. Cuanto más poderoso sea el estado, más fácil será impactar en el tejido de la conciencia para hacer realidad tus aspiraciones.

Desentrañar la palabra
Krishnaji

Para vivir plenamente hemos de eliminar el miedo a la muerte.

Para amar plenamente hemos de disolver la decepción.

Para experimentar un estado de belleza hemos de entender claramente el sufrimiento y así liberarnos de él.

A estas alturas ya habrás entendido en qué consiste nuestra acepción del término *sufrimiento*. En pocas palabras, lo utilizamos para referirnos a una experiencia emocional desagradable. E incluye una amplia gama: las formas más leves de sufrimiento que suelen pasar desapercibidas son el enojo, el temor y la decepción. A medida que te recreas en estas emociones, vas pasando a la segunda etapa, en la que se encuentran la ira, la ansiedad y la tristeza. Si no te han enseñado a desprenderte de estas emociones, pueden transformarse en rabia o venganza, pánico o depresión; es decir: te vuelves peligrosamente obsesivo.

Sea cual sea el nivel de sufrimiento que estés experimentando, es absolutamente imprescindible que comprendas que prolongarlo es perjudicial. Los estados de sufrimiento son los principales destructores de nuestros sueños.

Existe otro término muy familiar pero fundamental que deseamos analizar contigo para que puedas entender el verdadero significado de la palabra *sufrimiento*: «problema».

Comencemos por analizar el término. ¿Qué es un «problema»?

La diferencia central entre sufrimiento y problema es que el sufrimiento es una experiencia interna, mientras que un problema es algo externo. Un problema puede abarcar desde un inconveniente menor hasta un obstáculo extremadamente difícil. Pero de ti depende decidir si quieres abordarlo desde un estado de sufrimiento o un estado de belleza.

¿Qué pasa si te desgarras un ligamento practicando artes marciales y no puedes hacer esa excursión que habías planeado para las vacaciones? Has desperdiciado meses de preparación. Esto es un problema.

O digamos que te quedaste sin trabajo. No puedes hacerte cargo de tu familia ni pagar las facturas. Tienes que salir de tu apartamento. Este es un problema con graves consecuencias.

¿Y qué pasaría si tu padre anciano tuviera una grave enfermedad y necesitara toda tu atención? ¿Qué pasa si tienes que volver a tu ciudad natal porque él se niega a mudarse adonde vives ahora? ¿Qué pasa si tienes que renunciar a una excelente oferta de trabajo? Esto también es un problema o una circunstancia difícil.

El factor más decisivo en el futuro desarrollo de estos acontecimientos es el estado desde el cual abordas estos problemas o desafíos.

Si los examinas con atención, notarás que estos desafíos aparecen no solo en todas las manifestaciones de la vida humana sino también en las del reino vegetal y animal. Cada vez que hay una tormenta, cientos de plantas y árboles son arrancados de raíz. Muchos de ellos mueren. Los animales salvajes pierden territorio y sufren escasez de alimentos. A veces deben abandonar sus hogares debido a una amenaza imprevista.

Cuando mi equipo estaba realizando un documental sobre animales, *Tiger Queen* [La reina tigre], en 2010, me sorprendió lo mucho que nuestros problemas se parecen a los de los tigres que viven en plena naturaleza. En el documental, una enorme tigresa llamada Machli se ve obligada a abandonar su territorio, inmenso y abundante, porque su hija se lo arrebata. Al final, se retira a una parte menos fecunda del bosque.

Afortunadamente, Machli no piensa como nosotros. Si lo hiciera, la reina tigre podría haber estado deprimida durante el resto de su vida.

Las dificultades no son exclusivas de la especie humana. Pero cada uno las *vive* a su manera.

Supongamos que pierdes el trabajo, ¿qué haces? ¿Te quedas en la cama todo el día pensando que eres un fracasado, o ves como delante de ti se abren nuevas oportunidades? Si un terremoto o un tsunami asolan a tu comunidad, ¿vivirás con el temor paralizante a que vuelva a repetirse la tragedia, o te esforzarás en reconstruir tu vida y apoyar a tu comunidad desde la serenidad o desde la pasión?

¿Qué nos hace elegir cómo respondemos a la vida? Nuestro estado mental. Todos nos enfrentamos a dificultades, y en el caso de muchos de nosotros los desafíos se ven agravados por la pobreza, la inestabilidad política, la opresión del sistema y los desastres naturales.

Tenemos estudiantes de diversas áreas socioeconómicas: algunos jamás conocieron una gran tragedia; en cambio hay otros cuyas vidas fueron destrozadas por la violencia y la enfermedad.

Pero hemos visto a personas de todos los ámbitos profesionales y todas las condiciones sociales aprender a trascender el sufrimiento para pasar a vivir en un estado de belleza.

No solo eso, el poder de este estado de conciencia ha derribado las barreras y les ha abierto nuevas puertas, ayudándolas a superar sus retos y a encontrar soluciones creativas incluso para los mayores problemas. Pero para descubrir el verdadero poder de tu conciencia, tienes que seguir un camino. Y el primer paso de este camino requiere que adoptes una postura firme: que renuncies a vivir en el sufrimiento —aunque solo sea por un día— y que estés dispuesto a vivir en un estado interior de belleza.

¿Podrías aceptar este compromiso?

¿Te imaginas que una vida así es posible?

Porque cada día que se pasa en el sufrimiento es un día perdido, y vivir en un estado de belleza es estar realmente vivo.

¿Y qué es exactamente una visión espiritual?

La vida tiene dos facetas fundamentalmente: hacer y ser. Hacer consiste en todas las acciones que realizamos para alcanzar el éxito: establecer contactos, forjar o terminar relaciones y adoptar hábitos de estilo de vida. Es la cara que mostramos al mundo exterior y, en la mayoría de los casos, es el aspecto en el que más nos centramos.

Ser, por otro lado, es nuestra vivencia interior. Por ejemplo, puede que sonrías cuando entras en una reunión, porque sabes que eso es lo que tienes que hacer para mostrarte seguro de ti mismo. Sin embargo, por dentro la historia es completamente diferente. Es posible que te sientas asustado o nervioso o totalmente fuera de lugar.

Nuestra sociedad le da prioridad a hacer, y apenas presta atención al estado interior. Pocos le damos de verdad importancia a vivir en un estado de belleza; en cambio, vivimos como si nuestra carrera, rendimiento, apariencia, estatus o seguridad financiera fueran lo único que cuenta.

Este desprecio absoluto por el ser y esta obsesión por hacer causan un agudo desequilibrio en nuestra manera de vivir que nos arrastra hacia una profunda vorágine de obstáculos inesperados.

Según Jennifer Read Hawthorne, coautora del libro *Sopa de pollo para el alma de la mujer: relatos que conmueven el corazón y ponen fuego en el espíritu de las mujeres*, la mayoría de los seres humanos tiene un promedio de entre doce mil y sesenta mil pensamientos al día y la gran mayoría de ellos son repetitivos. Y un sorprendente ochenta por ciento de nuestra charla mental cotidiana es negativa.[1] Lo que significa que la mayoría vivimos de media el ochenta por ciento del tiempo en un estado de sufrimiento inconscientemente y solo el veinte por ciento del tiempo en un estado de belleza.

Para volver a sentirnos realmente vivos, hemos de invertir la proporción.

Ese veinte por ciento debe convertirse gradualmente en cuarenta, cincuenta, sesenta, setenta, ochenta por ciento o más... ¡Imagina lo bella que sería la vida desde ese estado!

El objetivo del primer secreto sagrado es ayudarnos a lograr precisamente eso: al tener tu propia visión espiritual, puedes transformar tu mundo interior.

Permíteme contarte mi experiencia personal para ayudarte a comprender el poder de una visión espiritual. Desde mi primera experiencia espiritual a la edad de once años, no he dejado de experimentar magníficos estados de conciencia que se han producido de manera espontánea. Lo curioso es que ninguna de estas experiencias ha afectado a mi naturaleza jovial y juguetona.

Cuando tenía diecinueve años, estaba entusiasmado por crear un centro para el creciente número de buscadores. Al reflexionar sobre ello, me di cuenta de que quería construir algo más que un centro: lo que quería era crear todo un ecosistema que sirviera y ayudara a la transformación de todo el que entrara en él. Pedí a mis padres que aprobaran y bendijeran el proyecto. Mi padre tuvo la visión de crear un centro que tuviera impacto en la conciencia humana y en el que la gente pudiera acceder a estados elevados de conciencia.

Mi visión quedó establecida. Deseaba crear una estructura de otro mundo que ayudara a otros a vivir lo que yo estaba viviendo. Quería construir una estructura que no solo ejerciera un efecto en la conciencia individual de quienes entraran en ella, sino que influyera también en la conciencia humana colectiva. Me entregué al proyecto con un entusiasmo extraordinario. Llevaba menos de un mes con esta intención cuando empezaron a materializarse las personas y los recursos necesarios para el inicio del proyecto. Pequeñas y grandes sincronicidades comenzaron a surgir a nuestro alrededor.

La primera de ellas fue cuando encontramos a un arquitecto que conocía los antiguos principios místicos de la arquitectura sagrada. La segunda ocurrió cuando hallamos un terreno mágico que podía cumplir con esta sagrada visión. Una parcela de unas dieciocho hectáreas en medio de un bosque, ubicada en las estribaciones de una increíble cordillera, irradiaba energías fuera de lo común. Elegí la empresa constructora Larssen & Toubro para ejecutar el proyecto en ese lugar sagrado que se ha convertido en Ekam, una magnífica estructura de mármol de tres plantas con un santuario de cincuenta y seis metros cuadrados. Quería crear una maravilla mística que permaneciera mil años en pie y tuviera un gran impacto en la conciencia humana. Hoy, Ekam se erige como una joya en el centro de la academia.

Llevábamos cuatro meses con el proyecto cuando recibimos un aviso del Departamento Forestal que decía: «No tienen acceso al área en el que se está realizando el proyecto. Ese terreno está situado en medio de un bosque nacional protegido». Nos exigieron que dejáramos de trabajar inmediatamente. Se impidió la entrada al terreno de todos los vehículos de construcción.

Me quedé estupefacto, porque teníamos el permiso de todas las autoridades pertinentes. Los planos de construcción habían sido aprobados. Como existía un camino, habíamos supuesto que podíamos utilizarlo, pero el Departamento de Vivienda y Desarrollo Urbano se olvidó de informarnos de que no teníamos autorización para ello. Mientras tanto, la empresa constructora me informó de que tendríamos sobrecostes porque habían movilizado a su mano de obra y todo el equipo. A partir de ese momento los costes se dispararon.

Todas las investigaciones que llevé a cabo arrojaban el mismo resultado: no había manera de obtener el permiso para construir en medio de una zona protegida, ya que la India tiene leyes forestales muy estrictas. Aunque fuera a juicio, me llevaría de cinco a seis años. A medida que la crisis aumentaba, me enraicé en mi visión espiritual de no sucumbir a los estados de sufrimiento. Sabía que la visión de Ekam era más grande que nosotros. Tenía una fe inquebrantable en que esa tierra sagrada serviría para despertar a millones de personas a una conciencia trasformada, de manera que tenía que ocurrir. Aunque aquello parecía increíble, comencé a experimentar estados poderosos de conciencia. Fui testigo de cómo el proyecto comenzaba a llevarse a cabo en ese plano. No había la menor discrepancia entre el pasado y el futuro: el proyecto ya era una realidad.

Mi equipo siguió esforzándose para obtener la autorización del Departamento Forestal Nacional para usar la carretera. Y la magia comenzó a hacer acto de presencia. En menos de noventa días, la solicitud cruzó más de veinte escritorios y fue superando diferentes niveles de aprobación. Resumiendo la historia: obtuvimos el permiso para usar el camino. Lo que sucedió fue histórico y definitivamente nada corriente. Y, lo que es más importante, no tuve que correr de un lado para otro como un pollo sin cabeza tratando de organizarlo todo.

Me mantuve firme en mi visión espiritual para dirigir el proyecto desde un hermoso estado de conciencia.

Casi dieciséis años después de esta cadena de sincronicidades, miles de personas transitan cada día ese camino a Ekam para meditar por el despertar individual y la paz mundial.

Esta es solo una más de las numerosas experiencias en las que el hecho de aferrarme a mi visión espiritual me ha llevado a acontecimientos increíbles.

No es lo mismo tener una meta que tener una visión espiritual. Las metas están orientadas al futuro; son las esperanzas y los planes que tenemos para nuestras vidas.

En cambio, una visión espiritual no tiene que ver con un destino. Se refiere al estado en el que eliges vivir mientras avanzas hacia el logro de tus metas. Por eso decimos que una visión espiritual es la madre de todas las visiones. Digamos que tienes la visión de ser padre o madre. Se trata de un papel, es decir, consiste en hacer. ¿Qué hay de tu estado interior en esa situación? ¿Te parecería bien desempeñar el papel de padre o madre en un estado de confusión, frustración o culpa?

¿O preferirías hacerlo desde un hermoso estado de conexión y claridad? ¿Te gustaría ser un progenitor feliz? ¿Satisfecho? ¿Agradecido?

¿Te importa de verdad el adjetivo? ¿Vivir en un estado armonioso mientras te esfuerzas por lograr tu objetivo? ¿O lo único que cuenta para ti es el verbo, la acción?

Recuerda que tu decisión más importante es: ¿en qué estado quieres vivir cada día de tu vida? ¿A partir de qué estado quieres crear tu destino?

Mantener una visión espiritual profunda y enfocada a evitar el sufrimiento y vivir en un estado de belleza, aunque solo sea durante dos minutos al día, aumenta el flujo sanguíneo cerebral al cingulado anterior y los lóbulos frontales, disminuyendo el diálogo interno emocional innecesario.[2]

La práctica mágica de la sincronización del alma
Preethaji

Antes de adentrarte en tu primer periplo vital, nos gustaría presentarte una poderosa herramienta que te ayudará a despertar a los estados de belleza de los que acabamos de hablar. Creé la sincronización del alma con la idea de que fuera más que una meditación. Es una práctica sagrada que realizan cada mañana miles de graduados de la academia, de diversas culturas; así comienzan su día en un estado de belleza y atraen el poder ilimitado de la conciencia para hacer realidad sus intenciones profundas.

La sincronización del alma es una práctica tanto científica como mística. Analicemos primero su lado místico.

Los antiguos sabios de la India fueron pioneros de la ciencia de la conciencia miles de años antes del advenimiento de la neurociencia moderna. Lo que descubrieron debería ser de gran interés no solo para quienes estudian el cerebro sino para cualquiera que desee transformar su manera de pensar, sentir y experimentar la vida.

Los antiguos hablaban de un tipo de conciencia más expansiva que va más allá de nuestra comprensión común. La llamaban «Brahma Garbha» —la matriz de la conciencia sin límites– y la asociaban con el eje hipotalámico-hipo-fisario-suprarrenal.

En nuestra experiencia, cuando una persona activa esta parte de su conciencia con una práctica como la sincronización del alma, sus intenciones profundas se vuelven lo suficientemente poderosas como para atravesar la barrera del pensamiento y entrar en el mundo de la materia. Después de esto te sientes como si hubieras establecido una nueva relación personal con el universo: es como si se reorganizara de tal manera que empiezas a experimentar sincronicidades. La vida da vueltas milagrosas y te dirige hacia un destino extraordinario.

Independientemente de si tu meta es la seguridad financiera, una relación afectiva, una carrera importante, una vida espiritual más profunda o una conexión con el universo, puedes emplear esta práctica como tu punto de partida para crear magia.

Estos son los pasos para hacer la sincronización del alma:

La gran sincronización del alma

La postura

Siéntate en una silla cómoda o en un cojín de meditación. Coloca las palmas de las manos sobre los muslos y utiliza los pulgares para contar las respiraciones con los dedos. Comienza con el dedo índice de la mano izquierda, luego el dedo corazón, y así sucesivamente hasta contar hasta ocho. Si estás meditando con un niño, puedes acortar la cuenta a cuatro.

Cómo funciona

Cuando practicamos la sincronización del alma, silenciamos la actividad química que desencadena el conflicto y así podemos pasar a un bello estado de relajación y calma.

PRIMER PASO. Comienza inspirando profundamente y espirando lentamente, ocho veces. Al pasar de una respiración a la siguiente, lleva la cuenta con los dedos. Es natural que tu atención se distraiga con frecuencia. En esos casos, sencillamente vuelve a centrarla en la respiración y continúa la cuenta a partir de donde te distrajiste. Cuando termines esta primera etapa, tu sistema nervioso parasimpático estará completamente activo. Este tipo de respiración activa el nervio vago, largo y sinuoso, que va del cerebro al corazón, los pulmones y el tracto digestivo.[3] La activación del nervio vago hace que todo el sistema nervioso autónomo se relaje.

Tu pulso comenzará a volverse más lento y tu presión arterial se equilibrará. Incluso tu sistema digestivo reaccionará positivamente. Según el doctor Andrew Newberg y Mark Robert Waldman, este movimiento consciente repetitivo de tus manos mejora aún más los centros motores y de coordinación cerebrales, aumentando así la eficiencia en todo el cerebro. De esta manera se facilita la formación y recuperación de la memoria.[4]

SEGUNDO PASO. Inspira profundamente y, mientras espiras, imita el zumbido de una abeja en un tono bajo. Alargando lo máximo posible el zumbido y escuchando el sonido con la mayor atención, la relajación se hace más profunda. No alargues la espiración hasta el punto de forzarla. De nuevo, haz ocho respiraciones completas. Esta parte de la sincronización del alma mejora tu calidad de sueño y calma tu presión arterial.[5]

TERCER PASO. Observa la pausa entre inspiración y espiración durante ocho ciclos de respiración. Cuando inspiramos y espiramos, se produce una pausa natural después de cada inspiración, justo antes de que comience la espiración. Presta atención a la pausa. Esto puede ser un poco complicado.

Sin embargo, una vez que empieces a percibir esta pausa, experimentarás una desaceleración de tus pensamientos. No trates de forzar una pausa, contener la respiración o exagerarla. Tu respiración debe ser natural y suave.

CUARTO PASO. Ahora el objetivo de tu meditación es ir más allá de la calma hacia la expansión. Durante las ocho respiraciones siguientes, inspira y espira mientras entonas interiormente el mantra «Ah-hum»,[*] que significa 'Soy' o 'Soy conciencia ilimitada' en el antiguo lenguaje sánscrito.

QUINTO PASO. Imagina o siente cómo tu cuerpo se transforma en luz. Imagina el suelo, la mesa, la gente a tu alrededor —todo— expandiéndose en un campo unitario de energía. En este campo de la conciencia, todo está conectado. No hay objetos, personas ni acontecimientos separados. Tú; cada persona con la que te hayas encontrado o a la que hayas conocido; cada especie de planta o animal que haya existido; todas tus esperanzas y

---

[*] La «H» tiene un sonido aspirado. La «m» en «Hum» se pronuncia como si fuera «ng». (N. del T.)

aspiraciones; todo lo que hayas visto, sentido, oído o conocido; todo lo que hayas pensado o concebido: todo existe como un campo unitario de conciencia. No hay separación ni división. En este campo, el pensamiento y la materia son uno solo. El deseo y la realidad son uno.

SEXTO PASO. Una vez que te hayas sumergido en esa infinita expansión de luz, comienza a sentir o imaginar tu deseo profundo como si estuviera sucediendo en el ahora. Imagina, por ejemplo, que deseas sanar tu relación con un ser querido. En esta etapa, siente e imagina la alegría que sentiríais ambos si se produjera una transformación de la relación. O si sueñas con comenzar una nueva carrera, puedes verte y sentirte como si esto ya fuera realidad. Imagina cómo te sentirías viviendo realmente tu sueño. Permanece en ese espacio durante unos momentos. Abre los ojos y sigue adelante cuando estés listo.

La mejor hora para hacer la sincronización del alma

Muchas personas practican la sincronización del alma en cuanto se despiertan, pero puedes hacerlo en cualquier momento. Algunos lo hacen antes de tomar una decisión importante. Otros para relajarse y desestresarse al final de un día agotador o cuando se encuentran atrapados en un estado mental agitado.

Puedes practicar solo o en grupo. Algunas organizaciones la practican por la mañana antes de comenzar su día, para serenarse. Hay equipos que usan la sincronización del alma para establecer una visión común y aprovechar su poder colectivo para lograrlo. Te sugerimos que te fijes la meta de practicarlo por lo menos una vez al día, pero no te limites a eso. Hay quienes practican hasta cinco veces al día. Asimismo, te aconsejamos que nunca apresures la práctica. Solo se tardan unos nueve minutos, pero te deja una sensación de magia que dura todo el día.

Una de nuestras graduadas, una emprendedora que acaba de lanzar una nueva empresa, ha convertido la sincronización del alma en una práctica diaria para todo su equipo. Cada veintiún días, definen una nueva intención compartida, en la que se centran durante ese período de tres semanas. Lo extraordinario es que la mayoría de estas intenciones se hace realidad.

Permítenos compartir uno de estos casos contigo. Después de establecer la intención de conseguir algunos recursos importantes, se reunieron con una organización que quería establecer una alianza. Tras una sesión de lluvia de ideas, el director general de esta organización propuso una inversión significativa para una nueva empresa de su tamaño, y ofreció un espacio de *coworking* y apoyo de *marketing*, así como una marca compartida.

Pero no fue solo esta avalancha de apoyo lo que revitalizó a la graduada de nuestra academia. Toda la experiencia la ayudó a comprender el poder de una conciencia transformada y el tremendo impacto que puede tener en el mundo de los negocios. «La verdad es que fue increíble ver como este alto cargo me miraba a los ojos atentamente y me concedía todo lo que le habíamos pedido —dijo—. ¡Es asombroso ver una intención tan concreta y clara manifestarse con tal rotundidad y de una forma tan específica porque lo pedí!».

Este es solo una de los numerosos casos de sincronicidades que encontramos todos los días en los practicantes de la sincronización del alma. Volveremos a su práctica al final de cada periplo vital para demostrar cómo esta práctica puede adaptarse para superar los desafíos y establecer intenciones poderosas. Es hora de que te embarques en el primero de esos periplos.

Puedes obtener una audioguía (en inglés) de la gran sincronización del alma dirigida por Preethaji visitando www.breathingroom.com y descargándote la aplicación.

El primer periplo vital: sanar al niño herido

Krishnaji

La mayoría de las personas vive con una sensación de claustrofobia autoimpuesta.

Tal vez tú mismo hayas experimentado este doloroso estado. Es como si una multitud se presentara en tu casa y anunciara que iban a dar una fiesta. Solo que no es una multitud cualquiera: el grupo que se cuela en tu sala de estar sin ser invitado está formado por todos los que alguna vez te han hecho daño de alguna manera o te han hecho sentir avergonzado.

Inmediatamente, empiezan a dar su opinión, que nadie les ha pedido, sobre la decoración, sobre la música y, prácticamente, ¡sobre todo lo que se les ocurre! Hacen un ruido espantoso, te juzgan sin parar y no quieren marcharse.

Haces todo lo que puedes para escapar de esas críticas ensordecedoras. ¡Pero es imposible ignorar a esta multitud y, desafortunadamente, ¡el vino hace que griten cada vez más!

Cuanto más les pides que se marchen, más ruido hacen. Te quedas paralizado, sin saber qué hacer. Está claro que nada te hubiera gustado más que un poco de paz y tranquilidad. Y sin embargo, por extraño que parezca, al cabo de unas horas de alboroto, te acostumbras a tus invitados no deseados. Después de todo, muchos de ellos son las personas que más amas: tus padres, tus hermanos, tus amigos de la infancia.

Aun así, cuanto más tiempo permanecen allí, más te hunden. Llega un momento en que te das cuenta de que es imposible separar sus palabras, opiniones e ideas de las tuyas. Empiezas a sentirte inseguro, tan receloso como un gato en una valla.

Si por lo menos pudieras encontrar un poco de espacio...

Salir de tu estancamiento, empezar a avanzar otra vez...

La vida es un gran río: avanza continuamente y siempre nos presenta nuevas oportunidades de amor, conexión y expansión. Pero si queremos avanzar con ella, debemos liberarnos de nuestro pasado que nos mantiene atados a las orillas turbias y estancadas donde no es posible avanzar.

Volviendo a nuestra analogía de la fiesta, debemos hacer las paces con aquellos invitados no deseados que se han colado en nuestras mentes y corazones. Debemos despertar a la dimensión de serenidad de nuestra conciencia. Debemos elevarnos a un estado de presencia total ante todas esas voces que nos llaman estúpidos, tontos, indignos; y también ante aquellas que nos dicen que tenemos razón y que todos los demás están equivocados.

¿Cómo lo hacemos?

Sanando al niño herido que vive en nuestro interior, congelado en el tiempo, con su llanto ahogado por la multitud estridente. Debemos tener la visión espiritual de aflojar las garras del pasado para que nuestro hielo interior se derrita y nos liberemos de la rigidez del tiempo pretérito. Así podremos estar presentes en el momento y avanzar sin esfuerzo hacia el futuro.

Cuando lo hagamos, ya no habrá vuelta atrás. Nuestra vida comenzará a fluir como un gran río hacia el mar, hacia un mayor orden, bienestar y expansión.

Comencemos.

Imagínate que mientras esperas en la cola de un restaurante de moda, tropiezas y te caes. Todos los comensales se quedan de repente en silencio y te sonrojas de vergüenza. Te has esforzado enormemente por mostrar que estás a la última, y ahora, con ese paso en falso, acabas de revelarle a todo el mundo la verdad.

Este sitio no es para ti y todos se han dado cuenta.

No haces más que pensar en la caída, aunque ya ha pasado mucho tiempo desde que te levantaste y te sacudiste el polvo. El dolor físico no fue nada, pero el malestar emocional persiste mucho después de haber perdido el equilibrio. Y cuando la vida te presenta otra experiencia, estás totalmente perdido en un torbellino de pensamiento caótico. Te ahogas en el estruendo de tu propio conflicto interior.

Ahora imagínate a ti mismo como un niño feliz que está dando sus primeros pasos. Cuando te caes y te lastimas la rodilla, lloras. Pero tan pronto como el dolor físico desaparece, algo más llama tu atención. Estás listo para la próxima experiencia incluso antes de que las lágrimas se sequen. Te has olvidado por completo del dolor.

Así es el hermoso estado de dicha de un niño feliz. Del mismo modo en que los pájaros no dejan rastro de sus recorridos por el cielo, nuestro pasado no deja ningún rastro emocional doloroso. La pizarra de la conciencia queda de nuevo completamente limpia y lista para la próxima experiencia.

El niño feliz y el niño herido no son meros recuerdos de nuestro pasado. Son estados de belleza y de sufrimiento que seguimos experimentando, seamos o no conscientes de ellos.

Todos hemos sido un niño feliz en algún momento de nuestras vidas. Todos hemos experimentado un estado en el que no existían el miedo ni la infelicidad. Cuando eres un niño feliz no tienes miedo de cometer errores. No estás atrapado en un torbellino egocéntrico de tristeza. Tu sonrisa es radiante, ríes alegremente, lloras sin reprimirte y amas con todo el corazón. En la vida todo parece sencillo. De ahí surge la serena convicción de que crearás un destino maravilloso, una convicción que no te exige repeticiones ni afirmaciones constantes. Desde ese estado, tu enfoque del trabajo o las relaciones se vuelve entusiasta y responsable.

Este niño feliz es refrescantemente inocente, ¡y su sinceridad es encantadora! Hay un vídeo muy famoso de

YouTube con más de ciento catorce millones de visitas, y la cifra sigue incrementándose, en www.youtube.com/watch?v=E8aprCNnecU, de un niño y su madre conversando sobre el amor y las galletas. El niño le dice a su madre: «Te quiero, pero no me gustas siempre». Y añade que ¡solo le gusta cuando le da galletas!

Todos fuimos ese niño feliz un día, aunque éramos muy pequeños para recordarlo. Todos vivíamos de esa forma tan simple: nos gusta lo que creemos que nos causa felicidad, y detestamos lo que creemos que nos causa dolor. En ese estado de armonía del niño feliz, no importa que los sentimientos sean «buenos» o «malos»: son lo que hay. Para nosotros son la verdad. Y como aún no hemos aprendido a juzgarnos por tener esos sentimientos, somos felices.

Entonces, ¿qué causa la desaparición de este estado de felicidad infantil?

¿Cómo aparece el estado de niño herido en su lugar?

Bien, todos sabemos lo que pasa cuando el niño feliz dice sinceramente lo que piensa sobre el mundo. Los adultos se ríen de su inocente audacia, y uno de los padres o algún otro familiar le dice con toda su buena intención: «Los niños buenos no se comportan así. Los niños buenos quieren siempre a sus padres… y además les gusta comerse todas las verduras que les ponen y hacer los deberes».

Esas frases, aunque bienintencionadas, pueden sembrar la duda, la confusión e incluso la vergüenza en la mente del niño. Puede que siga sintiendo lo mismo: sigue queriendo más a sus padres cuando le dan de comer cosas que le gustan, sigue sintiendo celos del niño con los mejores juguetes, le siguen pareciendo aburridas ciertas tareas escolares.

Pero ahora se siente avergonzado de esos sentimientos.

El tiempo pasa. El niño crece, pero a menudo con una gran cantidad de conflictos internos. Solemos atribuir esa insatisfacción al proceso natural de la edad adulta.

Pero ¿y si este estado de sufrimiento del ser fuera en realidad algo bastante antinatural?

¿Y si hubiera una manera de regresar a ese hermoso estado de dicha?

¿Cuál es tu verdadera naturaleza?

Voy a contarte una fábula de los *Upanishads*, una colección de textos indios ancestrales que contienen gran sabiduría sobre la vida y la espiritualidad.

En la selva había una leona preñada. Sufría no solo porque estaba al comienzo del parto, sino también porque estaba muerta de hambre.

De repente se dio cuenta de que una oveja y su rebaño se habían extraviado de la aldea y se habían adentrado en la selva. La leona hambrienta salió corriendo tras el rebaño, pero lo único que consiguió fue parir a su cachorro, y después de eso murió.

Al ver el cachorro la madre oveja asumió que era uno de los suyos y se lo llevó. Y el cachorro creció entre ovejas creyendo que él también lo era, balando y comiendo hierba como ellas.

A pesar de esforzarse por emular a sus hermanos y hermanas, se sentía torpe e incapaz. Ponía todo su empeño en hacer lo que estos hacían: alcanzar las ramas más altas de los árboles para mordisquear las hojas tiernas o caminar por senderos montañosos para alimentarse de hierba fresca.

Pero a medida que el cachorro de león crecía, una gran tristeza se fue apoderando de él. Sintió la necesidad de ser algo diferente, algo más. Una tarde oyó a un león rugir a lo lejos. Corrió hacia la madre oveja y le preguntó:

—¿Yo también puedo rugir así algún día?

¿Qué crees que le dijo la madre oveja?

—Ese es el león. Es el rey del bosque, y tú eres solo una oveja. —Con un deje de resignación añadió—: Tú y yo estamos destinados a ser mansos y a vivir siempre vigilantes. Esta es nuestra vida, y te vendría mejor abandonar tus fantasías. Ni siquiera has aprendido a pastar bien. Aprende a llevarte bien con tus hermanos y madura.

¿No hemos vivido todos alguna versión de este cuento?

¿No se nos ha dicho a todos, de una manera u otra, que vivamos una vida que nos constriñe emocionalmente? ¿No se nos ha hecho creer que lo normal es vivir en el miedo, la soledad y el estrés y que todo el mundo vive así? ¿No se nos ha animado a ignorar lo que sentimos y a seguir adelante con nuestra tarea diaria? De todas las experiencias emocionales que tuvimos cuando éramos niños, las que más han influido en el concepto que tenemos de nosotros mismos son las relaciones con nuestros padres y otras personas que desempeñaron el papel de padres. Estas fueron nuestras primeras experiencias de amor, cuidados, empatía, conexión y alegría.

También fueron nuestras primeras experiencias de rechazo, decepción y soledad. Estas experiencias de la infancia se convirtieron en nuestros estados habituales, y afectan a la manera en que nos sentimos y nos vemos a nosotros mismos y a la manera en que vemos a otras personas en nuestras vidas y nos relacionamos con ellas.

Algunos hemos tenido padres maravillosos y una niñez feliz, mientras que otros hemos tenido experiencias desagradables durante la infancia. Cualquiera que sea la atmósfera general en la que crecen los niños, incluso los pequeños rechazos y sentimientos de abandono pueden causarles profundas heridas emocionales. No podemos ignorar estas heridas, porque cuando las sufre un niño, las ramificaciones son profundas y duraderas, y forman la base para el estado emergente de niño herido.

A veces descartamos el enojo o el dolor de nuestra infancia como si fuera una tontería, algo que no tiene relevancia para nuestra vida presente. Porque creemos que ahora somos diferentes, que hemos cambiado y ahora somos otros. Individuos independientes, fuertes y responsables.

Pero si, por un momento, pudiéramos prescindir de cualquier fachada o imagen de nosotros mismos a la que nos aferramos, descubriríamos realmente quienes somos, veríamos el impacto real que nuestro doloroso pasado ha tenido en nuestra conciencia. Se nos revelaría la verdad: que hemos estado reviviendo las experiencias emocionales de nuestra infancia como estados de sufrimiento en nuestra vida presente. Y la libertad solo es posible observando esta verdad sin miedo.

Una historia de Sri Ramakrishna, un místico indio que vivió hace unos ciento treinta años, nos ayuda a comprender el impacto de los estados habituales de sufrimiento:

Dos mujeres fueron un día al mercado a vender sus productos. Una era vendedora de flores y la otra de pescado. De regreso del mercado, empezó a llover mucho, así que decidieron dormir en la casa de la vendedora de flores, que estaba cerca.

Pero la pescadera no podía dormir. Preguntándose por qué no conciliaba el sueño, se fijó en la canasta de flores que estaba cerca de ella. Con una sonrisa, empujó la cesta de flores lejos, acercó la cesta que contenía pescado podrido que apestaba, inhaló profundamente el olor y enseguida cayó en un sueño profundo.[6]

Terminamos desarrollando una inclinación natural a los estados que cultivamos cuando éramos niños, ya sean hermosos o desagradables.

Cuando cedemos a las emociones habituales, una y otra vez, se inicia un interesante proceso en nuestros cerebros. El neuropsicólogo Rick Hanson describe el cerebro como un tejido similar al tofu que vive dentro de nuestros cráneos.[7] En su interior hay más de cien mil millones de neuronas, un billón de células de apoyo llamadas neuroglias o células gliales y, como mínimo, unos cien billones de conexiones neuronales.

Nuestros pensamientos y emociones –seamos o no conscientes de ellos– son como impulsos eléctricos que se mueven a una velocidad increíble entre neuronas. Debido a la naturaleza plástica del cerebro, cada pensamiento o emoción fluye como una ola en el mar, sin dejar un impacto duradero.

Pero cuando uno cede a los mismos pensamientos una y otra vez, deja un impacto permanente en las conexiones neuronales, lo mismo que las mareas dan forma a la costa. No importa qué cerebro heredaste de tus padres y la naturaleza, al final eres tú, con tu pensamiento repetitivo y tus emociones habituales, quien esculpe tu propio cerebro.

Por favor, haz una pausa aquí. Respira profundamente. Inspira hacia tu diafragma. Deja que tu abdomen sobresalga ligeramente. Espira completamente y deja que todo el aire salga de tus pulmones. Respira hondo de esta manera unas cuantas veces.

Piensa en el estado en el que te has encontrado la mayor parte del año pasado. Si este estado se convirtiera en tu base mental y emocional durante el resto de tu vida, ¿serías una persona feliz o una persona infeliz? Por favor, sé sincero.

No intentes cambiar lo que estás viendo sobre ti mismo. Cualquier esfuerzo por tratar de ser «positivo» por la fuerza es un escape. Podría mejorar tu estado de ánimo temporalmente, pero no puedes transformar tu estado interior simplemente deseando cambiarlo. La auténtica transformación ocurre solo cuando llevas gradualmente tu cerebro hacia un estado de observación.

Trata de mantenerte consciente de tu estado hoy. ¿Con qué frecuencia experimentas un estado estresante en lugar de los hermosos estados de calma y alegría? Simplemente reconócelo. No hagas nada más.

Reacciones del niño herido

Aquí vienen las buenas noticias, no importa lo que hayas descubierto sobre ti. Ese conocimiento puede ayudarte a cortar las conexiones neuronales que desencadenan los estados emocionales estresantes de un niño herido.

De acuerdo con la investigación neurocientífica, los circuitos cerebrales que no activas comienzan a marchitarse. Lo bueno es que, gracias a la magia del cerebro humano, los circuitos neuronales que sostienen un estado armonioso pueden comenzar a formarse en cuestión de minutos. Si los nutres, tendrás un cerebro que experimentará sin esfuerzo hermosos estados sin importar tus circunstancias vitales.

Todos tenemos dentro de nosotros a un niño herido. Este niño vive en el pasado, aferrándose a las dolorosas experiencias de nuestra infancia y juventud, congeladas en el tiempo. Toma el control de tu vida en momentos de decepción. En esos momentos no nos sentimos amados, ni valorados, sino despreciados.

Aunque hayamos crecido, el niño herido vive en nuestra conciencia como un estado de sufrimiento. El tiempo puede haber cambiado nuestra apariencia y las circunstancias de nuestras vidas, pero ¿ha sido capaz de eliminar nuestros estados de ánimo negativos que surgen sin previo aviso? Después de todo, en los momentos de desilusión, ¿no reaccionamos a menudo interiormente de la misma manera que cuando éramos niños o adolescentes? ¿No volvemos a los mismos sentimientos de siempre?

Como cuando estamos mirando Facebook y vemos a unos amigos disfrutando un espectáculo del que no nos dijeron nada. ¿Lo que sentimos en ese momento es diferente de lo que sentimos cuando nuestros padres llevaron al cine a nuestros hermanos mayores en vez de a nosotros?

O imagina si vieras frecuentemente a tu padre tratar a tu madre de forma airada. En ese momento tú también te sentirías muy enojado: jurarías que algún día le darías una lección a tu padre. Ahora, cuando ves a dos personas peleando, surge dentro de ti esa misma ira. Cuando el niño herido toma el control, cerramos las puertas de nuestro corazón al amor y a la confianza. Mientras no nos entrenemos para prestar atención, puede ser difícil reconocer cuándo el niño herido es el que lleva la voz cantante. Nuestro estado de niño herido nos engaña para que creamos que nuestro estado de sufrimiento es natural y razonable, dadas nuestras circunstancias.

Sin embargo, la realidad es que, sean cuales sean las razones, no tiene sentido ser desgraciado.

Pero ¿y si empezamos a escuchar el estado del niño herido cuando nos grita?

¿Y si ayudamos a liberar a ese niño de su dolor?

Las dos caras del niño herido

Jaya tenía una hermosa familia y mucho éxito profesional. Había construido una vida que superaba todo lo que podía haber soñado, una vida que no podría haber sido más diferente de su traumática infancia al crecer con una madre alcohólica y maltratadora.

De niña, cada día era una pesadilla, y muchas noches se iba a dormir con el estómago vacío. Tras años soportando la violencia de su madre y desempeñando el papel de salvadora de sus dos hermanos menores, desesperada por poner fin a la tortura, huyó de casa a la edad de doce años.

Pese a los horrores de su infancia, Jaya nunca se permitió a sí misma sentirse una víctima. Por el contrario, utilizó el maltrato sufrido como acicate para salir adelante y convirtió ese sufrimiento en su mayor fortaleza y ventaja. Aseguraba que todo lo que sufrió en su infancia tenía un propósito superior, y aprovechaba cada oportunidad que se le presentaba para contar su historia con el fin de motivar a sus equipos. Se decía a sí misma que nada podía mantenerla atada a la angustia y la desdicha.

Creía que lo tenía todo bajo control.

Sin embargo, su agitación interior no desapareció hasta décadas más tarde, cuando estaba haciendo un retiro en la academia. Durante un viaje interior meditativo, el dolor de su pasado reapareció con una fuerza inimaginable. Las lágrimas comenzaron a rodar descontroladamente por sus mejillas. En ese momento se dio cuenta de hasta qué punto estaba equivocada. Llevaba una máscara de mujer independiente, hecha a sí misma, que había superado la necesidad de amor. Pero solamente era eso: una máscara.

En realidad, nunca había superado el dolor de su infancia. Tan solo sublimaba ese sufrimiento diciéndose a sí misma que todos los horrores y la inhumanidad que sufrió de niña tenían un propósito superior. Trataba de controlar su amargura interpretando el pasado para que la motivara, pero no podía salir de él. Lo mantenía vivo a base de visitarlo una y otra vez tratando de reinterpretar sus experiencias. Jamás permitió que los muertos durmieran en sus tumbas.

Los extraordinarios esfuerzos de Jaya por conseguir poder y estatus, aunque impresionantes, estaban impulsados por su estado de sufrimiento y su rabia: necesitaba probar que tenía razón y que era su madre la que estaba equivocada.

Cuando conectó con su estado interior a través de los recuerdos dolorosos del pasado, se dio cuenta de que nada había cambiado en ella. No había superado el dolor de su infancia. Había estado ocultándoselo a sí misma y enmascarándolo ante los demás.

Llevaba toda una vida empeñada en crearse la imagen de alguien a quien no le importa el cariño, alguien que superó la necesidad de amor y se ha transformado en un ser independiente y hecho a sí mismo. Se decía que era invencible y que podía sobrevivir a cualquier desafío que la vida le presentara. De hecho, solía decir que la emoción era una debilidad.

Pero, para su sorpresa total, Jaya se dio cuenta de que, aunque el tiempo había pasado volando, su identidad herida seguía estando ahí. No vivía realmente en el presente. En lo más hondo de su ser aún era aquella niña a la que le habían hecho daño.

Ahora no dormía con el estómago vacío, pero persistía la sensación de que nadie se preocupaba por ella. Ayudó a mucha gente con sus obras caritativas; pero lo que seguía impulsándola era la rabia contra la vida. Los sentimientos que experimentaba no habían cambiado en absoluto. Llevaba a cada nueva relación toda la amargura y el resentimiento que sentía hacia su madre.

A Jaya le resultaba muy difícil conectar con su cónyuge. No podía entregarse a él confiadamente, ni tampoco se fiaba del amor que él sentía por ella. La verdad es que se esforzaba mucho por quererlo. Y con sus hijos se portaba como una madre responsable. Pero la única manera de amar a sus hijos que conocía era inculcarles grandes valores y disciplina. Les proporcionó un excelente apoyo para avanzar en sus estudios y carreras, pero eso fue todo.

También le resultaba difícil respetar a los miembros de su equipo, y no podía controlar su ira cuando alguien cometía el más mínimo error en el trabajo. Era frecuente que los empleados abandonaran su organización.

Durante la meditación profunda, Jaya descubrió que en realidad no sabía en absoluto cómo conectar. Estaba aislada y no se sentía conectada con nadie en su vida. ¿Cómo iba a cultivar ese hermoso estado en cualquier otra persona?

Ver la verdad de su vida sin enmascararla ni tratar desesperadamente de verla de otra forma fue el comienzo de la metamorfosis de Jaya. Su infancia dejó de ser esa especie de residuo radiactivo que emitía radiaciones nocivas en su mente. Ahora es solo un recuerdo en medio de un océano de calma interior.

Otro miembro de nuestra comunidad, Andrew, también tuvo una infancia problemática. En su caso, fue su padre quien le hizo daño; tanto que llegó a odiarlo. Pero no quería admitirlo, se aferraba a la idea de que un buen hombre nunca odiaría a sus padres.

Durante su viaje de transformación, cuando le pregunté si quería abrirse a un estado de conexión con su padre, dijo vehementemente que no. Le expliqué que incluso podría ayudarlo a odiar a su padre con más fuerza si eso era lo que decidía hacer.

Tras una larga caminata contemplativa, Andrew comprendió que si elegía la desconexión, seguiría viviendo en el mismo estado de frustración durante el resto de su vida. Por primera vez pudo hacer la conexión entre sus sentimientos hacia su padre y la ira que se desataba en todas sus relaciones, entre ellas las más importantes de su vida.

Pensó en la forma en que trataba a su esposa, aun en cosas tan simples como decidir un restaurante. Le preguntaba: «¿Adónde quieres ir?», pero todas sus respuestas le irritaban.

Si ella le daba tres opciones, elegía un lugar completamente diferente.

Si le decía: «Tú decides», se enfadaba.

Y si era ella la que decidía, se ponía furioso.

Daba igual lo que su esposa hiciera o dijera, se sentía dominado, como si le estuviera quitando su libertad.

Andrew comprendió que ya se había hecho daño durante la mitad de su vida; no quería seguir haciéndoselo el tiempo que le quedaba. Su estado de niño herido causaba estragos en su carrera y en su vida familiar. Regresó de su caminata decidido a liberarse del dolor y el odio que le arrasaban por dentro. Le dejé claro que sanar su corazón no significaba obligatoriamente buscar la reconciliación con su padre. Esa era una decisión que podía tomar cuando se liberara. Porque si esa reconciliación era demasiado dolorosa o peligrosa para su salud mental o el bienestar de su familia, su inteligencia le disuadiría de tomarla. El viaje del perdón del que le hablaba consistía en sanar al niño herido en su interior y despertar al hermoso estado del niño feliz.

El perdón no consiste en convencerse de que en realidad lo que te han hecho no es malo, ni en vivir con quien te lastimó o puede seguir haciéndolo. El perdón consiste en liberarte de todo lo que te hace daño. Esa noche, cuando Andrew se adentró conmigo en un espacio profundo de meditación silenciosa, se le revelaron varios recuerdos de desilusión, anhelo y dolor con profunda claridad e intensidad. Se dio cuenta de que su niño herido había desarrollado tres personajes para ganar la aprobación de los demás: a veces encandilaba a la gente para ganarse su afecto, en ocasiones se hacía pasar por una persona ambiciosa y decidida para conseguir la aprobación y otras veces provocaba conflictos emocionales para llamar la atención. Pero en todos los casos la causa de su comportamiento era la misma: estaba hambriento de amor y aceptación.

Puede que utilizara diferentes máscaras en su vida, pero debajo de cada disfraz se encontraba el mismo estado de niño herido, un estado en el que solo quería que lo amaran y lo cuidaran.

Su disposición a exponerse lo ayudó a hacer frente al momento decisivo. Podía ver lo que de verdad se ocultaba detrás de su resistencia a desprenderse de esa amargura con la que llevaba toda la vida. En el fondo, creía que liberarse de su ira significaba perdonar toda la injusticia y el maltrato a los que su padre le había sometido; que significaba ignorar todos esos años de dolor y humillación que soportó. Al contemplar aquella resistencia con toda su sabiduría, cruzó su última barrera; su ira y amargura desaparecieron como la cáscara externa de una almendra que se desprende fácilmente una vez que la de dentro está seca. Ahora que había visto la verdad, la libertad y el perdón llegaron sin esfuerzo. En este espacio de profunda calma, Andrew sintió que una presencia sagrada impregnaba toda su vida. Toda la gente que amaba, ignoraba o detestaba formaba parte de esta presencia, incluso su padre. Más tarde explicó la sensación que producía esta presencia diciendo que era un sentimiento de amor que estaba allí sin ningún motivo. Desde que Andrew sanó su niño interior, su negocio de repuestos para automóvil crece sin cesar. Perdió la inhibición que le impedía acercarse a la gente para incrementar las ventas. También desapareció esa ansiedad constante que antes le provocaba el recibir un no de un cliente potencial. Dice que ya no tiene miedo de que le hagan daño. Y que lo curioso es que ahora el mundo parece un sitio mucho más acogedor.

En Jaya y Andrew hemos visto dos vidas muy distintas. Jaya llevaba puesta la máscara de una gran triunfadora que alcanzó tanto éxito que había superado la necesidad de amor. Pero, al hacerlo, perdió la capacidad de darlo y recibirlo. Se había acostumbrado a vivir en un estado de insensibilidad y desconexión.

Andrew vivía buscando amor, pero al negar su estado de sufrimiento, atacaba a los que amaba.

Con estas historias en mente, observemos nuestra manera de tratar con el estado del niño herido.

¿Nos negamos a llamar la atención sobre ese estado herido porque creemos que nuestras experiencias de la niñez no fueron tan malas o que no tiene sentido vivir en el pasado?

¿O llevamos a gala nuestro sufrimiento y estrés, creyendo que nos hicieron la persona que somos hoy?

¿Nos recreamos en los recuerdos dolorosos del pasado, justificando nuestra ira porque nos hace sentir que tenemos razón para sentirnos así?

¿O aunque revivimos una y otra vez los sentimientos de nuestro pasado olvidamos esos recuerdos?

Estos comportamientos podrían parecer diferentes, pero en todos ellos nos recreamos en el estado de niño herido.

Por favor, haz una pausa aquí. Realiza tres respiraciones lentas y conscientes. Deja que tus espiraciones sean más largas que tus inspiraciones. ¿Cómo te sientes al pensar en tu infancia? ¿La ves como una experiencia dolorosa o hermosa? Simplemente observa como tu pasado se vierte en tu presente en diversos estados de ánimo. Sé un observador.

Calmar las aguas turbias de la mente

Nuestros corazones no son compartimentos cerrados. Si no sanamos al niño herido en nuestro interior, su tristeza y soledad se derramarán sobre cada una de nuestras relaciones, sobre cada contacto que mantengamos. Este dolor también puede transmitirse de generación en generación a medida que los padres enseñan inconscientemente a sus hijos a aferrarse al dolor.

Entonces, ¿cómo nos liberamos de ese apego? Con compasión.

Podemos preguntarnos con amor y compasión: «¿De verdad quiero hacerme esto? ¿Quiero vivir en este estado de sufrimiento?».

Porque es a *mí* a quien estoy lastimando. Es verdad que alguien me hizo daño hace diez o veinte años, pero hoy en día soy *yo* el que se hace daño a sí mismo.

Sin duda, el estado de niño herido puede resultar familiar, incluso acogedor. Podemos volvernos adictos al reconocimiento que recibimos cuando hablamos de quienes nos tratan mal. Podemos recrearnos en lo mucho que hemos aguantado. Pero ¿en quién nos estamos convirtiendo al hacer esto?

¿En qué estado queremos vivir?

Si somos capaces de hacernos esta pregunta con sinceridad y valentía, podríamos darnos cuenta de que no queremos vivir en ese estado de sufrimiento ni un día, ni una hora, ni un minuto más.

Aunque no creas que estés listo aún para desprenderte del dolor del pasado, no te rindas, por favor. Sé comprensivo contigo cuando surjan estos estados de sufrimiento, cuando te sientas angustiado o solo, cuando no quieras desprenderte de tus heridas.

Imagina por un momento: ¿qué pasaría si te permitieras despertar al hermoso estado del niño feliz?

¿Qué pasaría si te permitieras volver a amar y confiar? No importa el peso que tu estado infantil herido haya tenido sobre ti, a medida que te conviertas en un observador pasivo de tu estado interior —del pasado que se abre paso en el presente– la agitación interior se calmará.

Ten en cuenta que basta con que dejemos de agitar el lodo para que se asiente en el fondo del estanque. Las heridas del pasado no se curan cuando las ignoramos ni cuando las revestimos de significados que nos incitan a luchar. Nuestro corazón sana cuando nos convertimos en testigos de nuestro estado interior.

Al hacerlo, despertamos al hermoso estado de la serenidad. Comenzamos a confiar en la vida. El campo de energía que nos rodea comienza a transformarse, y atraemos una mayor abundancia.

En el estado de niño feliz, sentimos que el mundo nos pertenece. Estamos imbuidos de un sentimiento de amor y un sentido de pertenencia que trascienden la cultura, el idioma y la raza. Sentimos que todas las personas forman parte de nuestra familia. Somos amigos de todos.

¿Recuerdas la fábula que te conté sobre el cachorro de león? Cuando la escuchamos por primera vez, pensamos que era una de las historias más tristes que habíamos oído nunca.

Pero ahora vamos a darle un final diferente, uno feliz.

Cuando la madre oveja le dijo al cachorro del león que dejara de fantasear, ¿la creyó? Por supuesto que sí: era un niño, y los niños creen lo que se les dice.

Pasaron un par de años, y un día un enorme león vio este rebaño de ovejas y decidió atacarlas. Al ver al enorme león, el joven león baló junto con las ovejas y empezó a correr. Sorprendido por lo que estaba viendo, el gran león agarró al joven león y rugió: «¿Por qué tiemblas y balas como una oveja? ¿Por qué huyes de mí? Eres un león joven. ¡Despierta!».

El joven león se negó a escuchar lo que el otro le decía y siguió temblando y balando. Entonces el león grande arrastró al león más joven a un río y le pidió que mirara su propio reflejo. Mientras miraba fijamente su propio reflejo junto al del gran león, sintió como una enorme energía recorría su cuerpo. Se dio cuenta del poder inherente a su propio ser y emitió un fuerte rugido, un rugido que resonó por todo el bosque. Todos los demás animales de la selva callaron al oírlo.

Eres como ese joven león. Cuando despiertes al poder del estado de belleza —el verdadero poder de tu conciencia— todo en tu vida comenzará a cambiar.

Así como el rugido del león acalla a los animales menores, así también el rugido de descubrimiento de tu león acalla todo tu caos interior de sufrimiento.

Y eso es solo el principio.

Ejercicio de sincronización del alma: sanar al niño herido

Veamos cómo se puede utilizar la práctica de la sincronización del alma para pasar del estado de niño herido al estado de niño feliz.

Antes de comenzar la práctica, sería conveniente que expusieras tu propósito o le pidieras al universo que te ayude a ser compasivo contigo. Es posible que no te sientas preparado para soltar el dolor de tu pasado, y no hay nada de malo en ello. Sé tan paciente contigo como lo serías con un niño pequeño que te pide ayuda a gritos. A continuación, sigue con los pasos uno a cinco tal y como se describe en la página 48 y siguientes.

1. Ocho respiraciones conscientes.
2. Ocho respiraciones conscientes, espirando con un zumbido.
3. Ocho respiraciones conscientes, observando la pausa entre inspiración y espiración.
4. Ocho respiraciones conscientes mientras entonas interiormente el mantra «Ah-hum» o «Yo soy».
5. Ocho respiraciones conscientes mientras imaginas que tu cuerpo se expande y se vuelve luz.

Esta vez, en el sexto paso, sentirás que tu estado interior pasa de ser el de un niño herido a ser el de uno que es feliz. Un niño que es capaz de amar, confiar y conectar.

Respira lentamente y siente un resplandor cálido y dorado que llena tu corazón. Siente cómo el amor despierta en tu corazón. Siente al niño interior que se sonríe y se transforma en un niño feliz.

Sonríete a ti mismo y a tu vida. Puede que ahora, al empezar, tengas que sonreír consciente y meditativamente, pero con el tiempo conseguirás alcanzar sin esfuerzo ese hermoso estado de dicha.

II

El segundo secreto sagrado: descubrir tu verdad interior

El segundo secreto sagrado: descubrir tu verdad interior

Preethaji

Todos aspiramos a la grandeza: queremos ser grandes padres, grandes compañeros, grandes profesionales, grandes atletas, grandes creadores de riqueza o grandes generadores de cambios. Pero tengo la profunda convicción de que para que el universo comience a manifestar cualquier forma de riqueza a través de nosotros es necesario un florecimiento total de nuestra conciencia. Y esta auténtica transformación solo es posible cuando vivimos nuestras vidas en armonía con nuestra verdad interior.

Sin esa verdad interior, todo crecimiento espiritual no es más que la búsqueda de un bello ideal; es poesía vacía, perdida en palabras, sin una esencia radiante que la sostenga.

Analicemos este secreto reflexionando sobre la historia del padre de la nación india, Gandhi, y el momento en que se produjo su transformación de Gandhi a Mahatma Gandhi. Mahatma, que significa 'Gran Alma', es la forma en que la India ve al hombre que ha sido uno de los personajes más influyentes en la historia de la humanidad, un emblema de la victoria de los débiles sobre sus opresores a través del camino de la no violencia.

En 1893, siendo un joven abogado, Gandhi se mudó a Sudáfrica para probar suerte y alcanzar el éxito en su carrera. Al poco tiempo de su llegada, tuvo que viajar de Durban a Pretoria para asistir a un juicio. Había comprado un billete de primera clase por correo.

Cuando el revisor, de raza blanca, lo insultó al llamarlo «hombre de color» y «culí»* y le ordenó que se trasladara al compartimento de tercera clase con sus pertenencias, Gandhi se negó obstinadamente porque poseía un billete válido. El revisor detuvo el tren y obligó sin ceremonias a Gandhi a bajar del compartimento y quedarse en el frío andén de la pequeña estación de ferrocarril de Pietermartizburg. Dejemos por ahora a un lado los hechos de la historia y exploremos el estado interior de Gandhi mientras se sentaba, indignado y tiritando por el frío helador, en un banco del andén. Lo que vas a leer a continuación es cómo Krishnaji y yo interpretamos lo que le sucedió en su primera y crucial experiencia de transformación.

He aquí algunas opciones que estaban abiertas para Gandhi, que se estaba cociendo a fuego lento en su humillación. La primera opción era olvidarse por completo de su plan de alcanzar el éxito como abogado en Sudáfrica, y regresar a la India, lleno de rabia. La segunda era aguantar la vergüenza y seguir adelante con sus esfuerzos

---

* Término peyorativo que se empleaba para designar a los trabajadores de baja calificación de la India, China y otros países asiáticos. (N. del T.)

por ganarse una posición, como habían hecho muchos otros antes que él. La tercera opción era arder de indignación, quedarse en Sudáfrica y planear su venganza contra el revisor o promover una rebelión furiosa contra el Imperio británico.

Gandhi eligió una cuarta opción: prestar atención a sus estados dolorosos de ira y vergüenza y superarlos. Y una vez alcanzado un estado de serenidad logró ir más allá de sí mismo y conectarse con los millones de indios que sufrían diariamente la opresión.

No fue su odio personal hacia los británicos, sino su profunda compasión por su pueblo, lo que lo llevó a iniciar su movimiento de resistencia no violenta contra la injusticia en Sudáfrica. Cincuenta y cuatro años después de su primer gran roce con la verdad interior, Mahatma Gandhi llevó a una nación de más de trescientos noventa millones de indios a la independencia de los británicos sin incitarlos a la violencia y el derramamiento de sangre. Fue una lucha liderada desde un estado de belleza.

Ahora, después de conocer esta historia, vamos a sumergirnos en el segundo secreto sagrado.

Mucha gente cree que para alcanzar la grandeza, hemos de poner en práctica nuestras estrategias y planes, conocer los planes de nuestros oponentes y sacar lo mejor de ellos.

Pero ¿y si estuviéramos equivocados? ¿Qué pasaría si el primer paso hacia la grandeza no fuera la elaboración de estrategias? ¿Y si la verdadera grandeza comenzara con una pausa: con la creación de una relación profunda con nuestra propia verdad interior?

Muchos vivimos desconectados de lo que sucede dentro de nosotros. Al identificar nuestros estados internos cometemos un error garrafal. A menudo confundimos el estrés interior con pasión, la preocupación con amor, la ira con motivación y el miedo con inteligencia.

He visto el asombro de muchos cuando aprenden a identificar claramente sus estados internos. Les sorprende descubrir que, en contra de las advertencias de su sentido común, han vivido aferrándose a emociones estresantes. Se acostumbraron a los estados perturbados porque no sabían cómo salir de ellos o sencillamente no podían imaginarse vivir de otra manera.

Cuando vivimos separados de nuestros sentimientos, podemos confundir fácilmente los estados de sufrimiento con estados motivadores o inteligentes. Por ejemplo, algunos usamos el enojo o el estrés como un acicate para actuar. Vemos nuestra rabia o nuestra ansiedad como una herramienta. Al mirar atrás y ver algunas de las cosas que hemos conseguido mientras estábamos en este estado, es fácil volverse adicto a la ira y depender de la frustración. No creemos que podamos crear o lograr el éxito sin ellas.

Otros somos adictos a preocuparnos. La única manera en que sabemos mostrar amor es obsesionándonos con la salud, el futuro o los logros de nuestros seres queridos. En muchas familias, es así como los padres expresan el amor que sienten por sus hijos. Y es la manera en que muchos de nosotros aprendemos a mostrar amor a nuestras propias parejas, amigos e hijos.

Pero es un estado de conciencia sufriente.

A otros se les ha enseñado a centrarse más en los estados internos de otras personas que en los suyos propios. Aunque no culpen externamente a otros por su malestar, su primer instinto es tratar de entender a los demás en lugar de a sí mismos. Por muy solidario que parezca este enfoque, si no puedes conectarte contigo mismo, no serás capaz de conectar con otros. ¿Qué sucede cuando estos estados de conciencia son los que nos impulsan?

Puede que logremos alcanzar el éxito, pero el viaje estará tan cargado de tensión que tendrá un coste muy elevado. Nos crearemos enemigos al ascender, dañaremos nuestra salud o simplemente seremos incapaces de disfrutar de lo que hemos creado. Tampoco permitiremos que quienes nos rodean disfruten. Si creemos que el estrés y la ansiedad son motivadores, mantendremos a nuestros equipos y familias tan estresados como nosotros mismos.

Sin duda, la sociedad perpetúa la noción de que el sufrimiento es una bendición y la lucha es la clave del éxito. Piensa en lo mucho que veneramos la idea del «artista atormentado» o de los líderes que «sufrieron hasta llegar a la cúspide». Pero ¿qué pasaría si el sufrimiento no tuviera nada que ver con su éxito? ¿Y si, de hecho, les hubiera impedido a muchos de nuestros héroes y genios alcanzar logros aún mayores? ¿Y si lo que de verdad los hizo grandes fuera el haberse «librado del sufrimiento», y nadie se hubiera dado cuenta de ello?

¿Qué es la verdad interior, entonces?

La verdad interior: una luz en la oscuridad

La verdad interior no es una confesión que le hagas a alguien. Tampoco es la política de hablar con franqueza. Es algo mucho más profundo y poderoso.

La verdad interior es conciencia y más que conciencia. Es una observación sin juicios de valor de lo que está sucediendo *dentro de ti* mientras reflexionas sobre dos ideas profundas acerca del sufrimiento, ideas que puedes recordar de la historia de Krishnaji sobre el despertar en el lago Big Bear. Estas ideas tremendamente poderosas actuarán como una linterna en la oscuridad, revelando tu verdad interior y liberándote de las garras del sufrimiento.

La primera es que en un momento determinado solo puedes sentirte de dos maneras: puedes estar en un estado de sufrimiento o en un estado de belleza. No hay un tercer estado.

La segunda idea es que todos los estados sufrientes se perpetúan cuando nos obsesionamos con nosotros mismos.

Te contaré una anécdota sobre cómo una de nuestras alumnas comenzó su viaje hacia la verdad interior. Seguramente, en la mayoría de nosotros nuestro contacto con la verdad interior no será tan espectacular como el de Mahatma Gandhi. Sin embargo, cada aspecto de nuestras vidas adquiere un tinte extraordinario cuando vivimos según este segundo secreto sagrado.

Dos mujeres, Christina y Lee, estaban cenando en el comedor de nuestra academia cuando surgió el tema del sufrimiento.

—El sufrimiento es una elección —afirmó Christina, una mujer de negocios que había superado numerosos desafíos en su vida.

Cuando Lee, una líder de la comunidad que durante toda su carrera había abogado por los pobres, escuchó eso, dijo:

—¡Para ti es muy fácil decir eso, sentada en una habitación con aire acondicionado y rodeada de gente rica y perfumada!

Christina se sintió tan humillada que abandonó la sala.

Cuando la encontré esa noche, parecía sentirse mucho mejor, así que le pregunté qué había cambiado.

—Ahora entiendo a Lee y su trabajo —dijo—. En cuanto la entendí, mi sufrimiento desapareció. Me siento mejor.

—Hoy te diste cuenta de eso, Christina —le dije—. Pero ¿qué sucedería si esta noche alguien te diera pruebas irrefutables de que Lee es una arrogante? ¿Cómo te sentirías entonces? ¿Volverías a enojarte y amargarte? ¿Qué te pasaría a ti? Tu «libertad» no puede venir de entender a otra persona. Ha de venir de tu propia verdad interior. Tiene que empezar por reconocer el estado en el que entraste cuando te sentiste perturbada por ella. Por eso, dime, ¿cuál era exactamente el estado en el que estabas cuando saliste de la sala?

—Estaba en un estado de sufrimiento. Al principio me sentí humillada y conmocionada. Poco a poco se convirtió en rabia —dijo.

—Si te hubieras visto a ti misma por dentro en esos estados, ¿qué estarías pensando en esos momentos?

Christina se tomó unos momentos antes de responder:

—Estaba disgustada porque yo la apoyé económicamente cuando su hija enfermó hace un par de meses. ¡Cómo se atreve a insultarme así delante de todo el mundo! Se ha aprovechado descaradamente de mi buen corazón. ¡Qué ingrato de su parte! Es una buena lección para mí: he de tener cuidado con la gente y no juzgarla por las apariencias.

—¿Podrías hacer una pausa y observar que, independientemente de que te sintieras insultada, conmocionada o enojada, tu estado estresante se perpetuó por tu obsesión contigo misma? Si en ese momento de sufrimiento puedes ver la verdad de tu obsesión, el sufrimiento desaparece espontáneamente.

Ese fue el comienzo del viaje de Christina hacia la verdad interior. No hay nada intrínsecamente malo en tratar de entender la perspectiva de otra persona.

Pero no es lo mismo que la verdad interior.

Esta es una distinción importante que distingue el secreto sagrado de la verdad interior de muchas prácticas de autoayuda. Cuando sientas que surge una perturbación, no intentes cambiar nada. No lo justifiques dando explicaciones. No lo condenes.

Resiste la tentación de tratar de encontrar razones fuera de ti.

Lo único que tienes que hacer es comprender que estás alimentando ese estado interior con tu constante obsesión por ti mismo. Darle una y mil vueltas al asunto, en estados de sufrimiento, no significa que estés tratando de resolver un problema real, sino que estás obsesionado contigo. Cuando te sorprendas varias veces haciendo esto, el poder de la verdad comenzará a actuar sobre ti. Entonces, tu vida se abrirá a sincronicidades aún mayores.

La verdad no consiste en cambiar tus emociones. El mundo interior es extraño y no se somete a la coerción. No puedes vencer tu ansiedad ni tu soledad por medio de la fuerza o engañándote. Lo único que puedes hacer es observar pasivamente lo que está surgiendo. Tu propio proceso de observación interrumpirá la corriente de estados de sufrimiento. Los estados estresantes se disiparán, y en su lugar aparecerá una armoniosa calma o alegría. Lo único que tienes que hacer es ser testigo de tu estado en lugar de luchar, manipular o maniobrar.

Entonces, ¿deberíamos tratar de aferrarnos a las buenas emociones cuando surjan? ¿Deberíamos esforzarnos por tener emociones perfectas, sagradas y placenteras?

¿Alguna vez has visto un antiguo templo hindú? Están decorados con imágenes trascendentales de dioses, sabios y santos de otro mundo en oración. Los templos también lucen imágenes cotidianas de pastores con el ganado y de madres que peinan a sus hijos. Junto a todo esto además encontrarás imágenes de hombres y mujeres en posturas sensuales, así como demonios de terrible aspecto con barrigas y dientes protuberantes, miradas enojadas y rostros crueles.

Seguramente, no esperarías hallar todas estas imágenes en una estructura tan sagrada, ¿verdad? Esperarías que el templo presentara solo las imágenes puras, trascendentales y celestiales. Pero un templo hindú muestra elementos de lo sagrado y lo ordinario, la lujuria y la satisfacción, la rabia y la paz, el poder y la mansedumbre.

¿Te preguntas por qué? Porque estas estructuras representan la totalidad de los sentimientos humanos.

La verdad interior solo puede darse cuando brindas tu atención serena a la totalidad de tu mente y no solo a lo positivo. Practicar la verdad interior es el mayor acto de compasión que puedes ofrecerte a ti mismo.

Las emociones pueden surgir o desaparecer. Sin embargo, cuando nos obsesionamos con nosotros mismos nos congelamos en nuestro dolor. Alimentamos nuestra ira, nuestra tristeza o nuestro dolor hasta que se convierte en nuestro estado habitual.

La obsesión contigo mismo es como una enfermedad que limita tu comprensión del mundo. Una vez que se adueña de ti, solo puedes ver las cosas desde un punto de vista muy limitado. Desde ese estado, ¿cómo se pueden abordar los problemas de manera inteligente?

Veamos lo que sucede cuando dejamos que la preocupación por uno mismo tome las riendas en lo referente a las relaciones con nuestros seres queridos.

Un hombre y su novia estaban participando en una sesión de preguntas y respuestas el primer día de un curso en la academia. Ambos tenían treinta y tantos años. El hombre dijo:

—No estoy aquí por mí. Solo he venido por el bien de mi novia. Te agradecería mucho que pudieras ayudarla. Soy una persona muy valiente. Un hombre que mira al miedo a los ojos. Hago espeleología, *puenting* y parapente. Todo lo que supone un desafío. Mi novia, en cambio, es muy apocada. No le interesa la aventura. ¿Puedes cambiarla para que disfrutemos juntos?

Krishnaji no respondió a su pregunta. Sabía que el hombre lo descubriría antes de que terminara la semana. En lugar de eso, le preguntó:

—¿De verdad crees que estás libre de miedo? ¿Ser audaz y estar libre de miedo es lo mismo? ¿Por qué no te tomas un tiempo para observar la verdad de tu estado interior sobre tu relación?

Al cabo de dos días este hombre le contó a uno de los profesores de la academia lo que había descubierto:

«Me asustaba la idea de conocer la verdad. En cierto sentido me parecía aterradora».

Sin embargo, se aferró a este descubrimiento y comenzó a observar su mundo interior.

«Durante los últimos tres años di por hecho que era el amante más apasionado —le dijo a Krishnaji—. Solía decirme a mí mismo que nadie la amaría como yo. Sin embargo, cuando realmente empecé a ver mi verdad interior, odio decirlo, pero la mayor parte del tiempo estaba totalmente obsesionado conmigo mismo. Para mí, amarla significaba pensar día y noche en ella y desear que ella hiciera lo mismo conmigo. Necesitaba que apreciara todo lo que yo hacía. Incluso durante el curso, cuando respondía a una pregunta, seguía buscando su aprobación mirándola de vez en cuando. Alargaba la mano para tomar la suya. Si, por cualquier razón, la rechazaba, me ponía furioso: ¿por qué no se sentía cómoda con mi tacto? ¿No estaba enamorada de mí?

»Fue muy doloroso ver que gran parte de mi relación con ella está adulterada por los estados de sufrimiento de inseguridad y posesividad; todo giraba en torno a mí

—confesó—. Me da mucho miedo que cambie; no quiero que se convierta en una mujer. Quiero que siga siendo esa chica que siempre está ilusionada. Cada vez que su respuesta es madura o sosegada, me asusta. Peor aún, en ocasiones cuando su compañía no me resulta placentera, me asusto. Temo que mi amor por ella esté disminuyendo. Así que trato de sorprenderla con un regalo o hacer algo fuera de lo común, algo totalmente diferente para convencerme a *mí mismo*, y a *ella*, de que la amo».

En los días y semanas siguientes, a medida que este hombre se asentaba serenamente en su verdad interior, su relación se transformó. Ya no eran dos individuos necesitados y dependientes que trataban de mantenerse apasionados el uno por el otro, sino dos seres completos con un mismo objetivo, el de crear una familia llena de amor. Siete años después, su amor perdura.

Si practicas el secreto sagrado de la verdad interior, puedes prevenir muchas separaciones y pérdidas. Podrás evitar muchos errores costosos. Te liberarás de tu adicción a vivir en el pasado. La misma experiencia de vivir se volverá más bella. Recuerda que la práctica de la verdad interior no te hará inmune a volver a caer en el sufrimiento. Sin embargo, tiene el inmenso poder de deshacer un hábito de complacerse en el sufrimiento que ha durado una vida entera, como el agua que fluye suavemente tiene el poder de desgastar incluso la roca más dura que se interpone en su camino hacia el mar. Cada uno de nosotros ha cultivado ciertos estados habituales de sufrimiento: ansiedad y estrés, ira, desilusión, celos, indiferencia... Si no practicas el secreto sagrado de la verdad interna, estas emociones se descontrolarán. Como las malas hierbas ponzoñosas, ahogarán todo lo que es hermoso en tu vida.

Podemos sentirnos heridos por nuestra pareja, enojados con nuestros padres, desconectados de nuestros hermanos o decepcionados con nuestros hijos. Esta desarmonía nos duele. Sin embargo, en lugar de abordar inteligentemente la situación para crear armonía, nos autocompadecemos o culpamos a otros. Y lo único que nos preocupa todo el tiempo es la injusticia que han cometido con nosotros.

Inmerso en la obsesión por tu sufrimiento, no encuentras soluciones a los desafíos de tu vida. No logras conectarte con tu verdadero propósito. ¿Por qué te casaste? ¿Por qué tienes hijos? ¿Qué lugar ocupan tus padres en tu vida? ¿Cuál es la base de tu conexión con tus amigos?

Supongamos que nos enfrentamos a una situación frustrante en el ámbito laboral que realmente nos enfurece. Si nos detuviéramos y observáramos la verdad de nuestra incomodidad, nuestra ira desaparecería. Desde un estado más tranquilo, podríamos abordar la situación desde una perspectiva más profunda que surgiría de cuestiones tales como: ¿cuál es el propósito de nuestro trabajo?, ¿cómo influimos en los demás con lo que hacemos?, ¿qué significan para nosotros nuestros compañeros de trabajo?

Pero ¿cuántos dedicamos ese momento a salir de la obsesión por nosotros mismos?

O recuerda la historia de nuestras estudiantes Lee y Christina. Christina al menos trató de librarse de su enojo; en muchos aspectos, estaba en el camino correcto.

Pero se había saltado un paso esencial: no pudo observar su propia verdad interior. No entró del todo en el templo en su mente, llena de deidades y demonios, ladrones y almas generosas, belleza y fealdad.

En cada situación de la vida, los problemas persistirán y crecerán no por causa de los demás, sino *por ti*, por tu fijación contigo mismo. Absorto en el pensamiento egocéntrico, pierdes de vista la simplicidad de los desafíos a los que te enfrentas. La vida se convierte en un asunto complicado.

Sin embargo, no tiene por qué ser así.

Todo esto puede sonar muy extraño. A muchos se nos ha enseñado que, si queremos estar libres de sufrimiento, debemos resolver nuestros problemas. Pero la verdad es lo contrario: si quieres liberarte de tus problemas, empieza por dejar que tu sufrimiento se desvanezca.

Hace algún tiempo Krishnaji invitó a Diego, un amigo, para un proceso especial aquí en la academia. Diego había perdido a su hijo casi dos años antes por una sobredosis intencionada de drogas. El chico tenía solo diecinueve años cuando murió, pero había estado deprimido durante años hasta que finalmente decidió poner fin a su vida. Nunca consiguió aceptar que su padre dejara a su madre por otra mujer. Se llevaba mal con su madrastra y a menudo discutía con su padre al respecto. Diego finalmente se volvió insensible y frustrado con su hijo y se distanció emocionalmente.

El día antes de la muerte del joven, los dos cenaron juntos. Durante la cena, le dijo a Diego: «Papá, no volverás a verme».

Diego asumió que su hijo lo estaba provocando para que tuvieran otra discusión. Pero a la mañana siguiente, recibió la noticia.

Destrozado e incapaz de perdonarse, Diego sucumbió presa de una terrible culpabilidad y depresión. Para cuando visitó nuestra academia, había comenzado a tener pensamientos suicidas. Ya no estaba conectado con su esposa y sus tres hijos pequeños. No tenía interés en trabajar y terminó perdiendo su empleo. Vivía de sus ahorros. Su salud había empezado a deteriorarse. Cuando se lo contó a Krishnaji, se derrumbó y comenzó a sollozar. Dijo que quería castigarse, y que la única forma en que podía expiar su culpa era sufrir hasta morir. Diego estaba deseando morir para poder encontrarse con su hijo y pedirle perdón.

Krishnaji desarrolló un proceso para ayudarlo a liberarse. Durante ese proceso, Diego llegó a ver que todo su dolor, enojo y culpa eran solo una fijación consigo mismo. Hasta entonces, creía que la única manera de amar a su hijo era viviendo en la culpa. Había decidido que estaba destinado a sufrir durante el resto de su vida.

Diego se sorprendió al descubrir que esto no era amor sino una obsesión sin sentido. Ya no podía conectarse serenamente con los recuerdos de su hijo o con su esposa e hijos en casa. Todos sus pensamientos giraban siempre en torno a sí mismo: «¿Cómo pude estar tan ciego? ¿Por qué ignoré todas las señales que me mandó? ¿Por qué fui tan egoísta? No merezco estar vivo y ser feliz. Yo causé su muerte. Maté a un niño inocente. Yo lo traje a este mundo y no fui capaz de hacerme responsable de él.

Es mi culpa que hoy no esté vivo. Nunca podré perdonarme a mí mismo. Oh, ¿cómo he podido estar tan ciego?».

Estos pensamientos se repitieron constantemente en su cabeza durante meses.

Una vez que vio la verdad —que aquello no era amor sino obsesión consigo mismo— la culpa desapareció sola. Diego vio cómo se desconectaba de los miembros de su familia que aún estaban vivos. Estaba repitiendo inconscientemente el patrón que había seguido con su hijo.

Tras desprenderse de la culpa, experimentó una profunda sensación de calma. Su charla mental innecesaria e incesante se detuvo. Y en una meditación posterior con Krishnaji, sintió la presencia de su hijo y buscó un perdón profundo por todos esos momentos de desconexión y ausencia emocional. Sintió a su hijo fusionarse con su corazón. Tras esa experiencia dijo: «No tengo que morir para conectar con mi hijo. Mi hijo fue y será siempre parte de mí».

Su guerra consigo mismo había llegado a su fin.

Y desde ese lugar de conexión con su hijo, se preguntó: «¿Hay algo que pueda hacer en homenaje a mi hijo? ¿Hay algo que pueda aportar al mundo que lo haga feliz?».

Le vino a la mente lo mucho que le gustaba a su hijo ser *disc-jockey*. Decidió celebrar concursos anuales de búsqueda de talentos en su ciudad, reunir a los mejores y hacer todo lo posible para promocionarlos. Ese sería el regalo para su hijo.

Hemos observado una y otra vez en nuestras propias vidas y en las vidas de nuestros numerosos graduados que a medida que nos despojamos del sufrimiento, comienzan a aparecer soluciones mágicas. Problemas que llevaban mucho tiempo agobiándonos tienden a esfumarse. La depresión y la ansiedad pierden el poder de controlarnos.

Ciertamente, cada vez que nos sentimos libres del sufrimiento, es una recompensa en sí misma; pero si además de esta libertad también seguimos los pasos descritos en este libro para cultivar hermosos estados de amor y conexión, el consiguiente apoyo del universo es una bendición increíble. Así que me gustaría enseñarte una práctica que te ayudará a salir de la obsesión por ti mismo y a entrar en un bello estado de serenidad.

La práctica de la mente serena la están llevando a cabo muchos líderes y buscadores —incluso adolescentes y niños— en todo el mundo. Nos cuentan que desde que la han convertido en un hábito, las situaciones de su vida se resuelven por arte de magia, y que terminan respondiendo a los desafíos de una manera que antes ni se hubieran imaginado.

Es tremendamente simple y, sin embargo, cien por cien eficaz para evitar que los estados limitados se conviertan en estados obsesivos. Cuando se practica en momentos de conflicto, te lleva de la confusión a la claridad. Te llevará a un espacio de mayor tranquilidad en el que pueden surgir ideas brillantes para hacer frente a los retos de la vida.

La práctica de la mente serena

PRIMER PASO. Siéntate erguido.

SEGUNDO PASO. Haz tres respiraciones abdominales profundas prestando toda tu atención.

TERCER PASO. Observa tu estado hasta que descubras cuál es exactamente la emoción que estás sintiendo.

CUARTO PASO. Observa la dirección del fluir de tu pensamiento: ¿estás dándole vueltas al pasado? ¿Estás proyectando un futuro desastroso? ¿O estás en el presente?

QUINTO PASO. Imagina una pequeña llama entre tus cejas que va adentrándose en ti, hacia el centro de tu cráneo. Imagínate esta llama flotando en medio del vacío.

Si quieres una guía en audio[*] de la práctica de la mente serena leída por Preethaji, visita la página www.thefoursacredsecrets.com, donde encontrarás información sobre la edición del audiolibro.

Lo mejor de esta poderosa práctica es que solo dura tres minutos y se puede realizar en cualquier lugar y en cualquier momento. Si te encuentras en medio de una discusión con tu hijo o pareja, puedes utilizarla para ver

---

[*] En inglés. (N. del T.)

cómo te sientes. Puedes utilizarla para despejarte en tu próxima reunión importante si tus pensamientos comienzan a ser confusos o poco claros. También puedes emplearla para ayudarte a superar la resistencia a tu práctica de yoga matutina o a tu rutina de ejercicios. Recuerda que solo necesitas una pausa de tres minutos para volver a tu vida con un enfoque y una energía renovados.

Sabrás que has llegado a una mente serena cuando ya no estés obsesionado con el pasado o proyectando preocupación en el futuro. Estás dispuesto a aceptar todo lo que el presente te depare con tranquilidad y aplomo.

Ahora, armado con el conocimiento que te permite acceder a tu propia verdad interior, estás listo para embarcarte en el segundo periplo vital.

Comencemos.

El segundo periplo vital: disolver la división interna

Preethaji

Cuando nuestra hija, Lokaa, tenía cinco años, su tutora de inglés le entregó un poema titulado *Inside-Outside* [Dentro-fuera], de Abigail Griffith, que comenzaba:

Mi yo interior y mi yo exterior
no podrían ser más distintos.

A continuación, el poema describía todas las maneras en que la apariencia física del personaje difería de como este se veía a sí mismo.

La tutora le pidió a Lokaa que escribiera un poema basándose en ese.

Al cabo de veinticinco minutos, me entregó lo que había escrito Lokaa y me dijo: «No es como el poema que le enseñé; pero, de todas formas, te gustará lo que ha escrito», y se marchó.

Esto es lo que escribió Lokaa:

Soy guapa
como una abejita zumbadora.
No quiero ser nadie
diferente a mí.

Soy inteligente y lista,
dulce y amable.
¿Para qué voy a cambiar
lo que ya está bien?

Quiero ser amiga
de toda la gente buena.
¡Yo soy yo
y tú eres tú!

El poema modelo retrataba a un individuo con dos voces internas, mientras que Lokaa no tenía esa división. Cuando alguien la conocía, se encontraba con una niña en un estado de belleza, pero eso no fue así únicamente en su infancia. Hoy en día sigue teniendo ese mismo estado interior caracterizado por la claridad y la ausencia de conflicto.

Quizá muchos de nosotros éramos así cuando niños. Todos hemos abrazado a un ser querido con todo el corazón y olvidándonos por completo de nosotros mismos. Nos hemos deleitado acariciando el pelaje de un perro o saboreando una fruta. Hemos contemplado los arcoíris que forma el sol en una gota de agua. Los placeres sencillos de la vida humana maravillaban nuestros senti-dos. Nos sentíamos dichosos, plenos, enteros.

En algún momento de nuestra vida, muchos nos divi-dimos, se instaló en nosotros el conflicto interior y la ob-sesión con nosotros mismos. En muchos sentidos, nues-tra sociedad acentúa este sentimiento de división. Quienes fuimos educados en un sistema basado en los resultados de las pruebas y las clasificaciones hemos aprendido a compa-rar, competir y juzgar. Nos enseñaron a ver a nuestros com-pañeros como competidores en lugar de como amigos.

No solo luchamos contra los demás. También nos enseñaron a pelear contra nosotros mismos. En nuestras mentes comenzamos a pintar un cuadro de quienes que-ríamos llegar a ser, y cuando no alcanzábamos nuestras expectativas nos sentíamos frustrados. Inconscientemen-te nos volvimos complacientes, por un lado, y justicieros, por otro. Complacientes con los demás, porque vivimos con el temor de que no estén contentos con nosotros; por eso nuestras decisiones y nuestras acciones tienen como objetivo agradar. Justicieros, porque recordamos nuestras heridas del pasado, y en nuestro interior seguimos mante-niendo viva la rabia; por eso tomamos decisiones en nues-tras vidas con el fin de probar que quien nos lastimó obró mal. Nos acostumbramos de tal forma a vivir en guerra que olvidamos que hay otra manera de ser.

Pero ¿cómo hemos llegado a desconectarnos tanto de nuestro hermoso estado de plenitud? ¿Cómo dejamos de ser los hermosos seres que realmente somos? ¿Cómo nos convertimos en individuos tan preocupados con no-sotros mismos?

¿Por qué soy infeliz?

¿Quién es la primera persona con la que te encuentras al despertar cada mañana? ¿Quién es la persona con la que pasas cada momento de tu vida, incluso en tus sueños? ¿Con quién estás cuando estás solo o cuando tienes compañía?

Tú.

¿Te amas? ¿Te cuidas? ¿O eres crítico y duro contigo? ¿Eres tu mejor amigo?

Piensa en lo que sucede cuando estás enojado con un amigo, un familiar o un compañero de trabajo. Intentas cambiarlos. Les das consejos o les dices que no tolerarás su comportamiento. Puede que llegues incluso a rezar para que cambien. Si se niegan a hacerlo, podrías distanciarte de ellos. Haces menos planes con ellos, y tardas más en devolverles las llamadas. Si la cosa se vuelve insoportable, podrías incluso cortar de raíz la relación.

Pero ¿y si la persona con la que estás disgustado eres tú?

¿Qué pasa si esa persona que no te gusta eres tú?

¿Y si ese individuo que tanto detestas eres tú?

Por favor, haz una pausa aquí. Inspira profunda y lentamente un par de veces. En silencio lleva el foco de tu atención a tu relación contigo mismo. Recuerda los momentos en que sentiste un hermoso estado de amor y respeto hacia ti mismo. Respira profundamente mientras revives esos momentos.

Ahora lleva tu atención a los momentos en que estabas en estados dolorosos de insatisfacción o disgusto contigo mismo. Respira profundamente y observa tu estado en esos momentos.

Por fortuna, habrás tenido algunos momentos en los que has sentido una hermosa conexión contigo mismo. Sencillamente te quisiste tal como eres.

Es probable que también haya habido ocasiones en las que hayas sentido dolor o incomodidad en tu interior. En esos momentos puede que hayas buscado soluciones y escapes externos o que hayas aceptado la guerra interior como «normal», olvidando que no eres este yo guerrero; eres un yo hermoso. No eres una oveja temiendo por su supervivencia en la selva; eres un león.

Si no mantenemos una relación armoniosa con nosotros mismos, todo lo que nos rodea —la forma en que caminamos, hablamos y pensamos, así como nuestro discurso y nuestros esfuerzos por alcanzar el éxito— se verá empañado por una persistente sensación de duda sobre nosotros mismos. ¿Qué podemos lograr atrapados en este estado de sufrimiento? Tenemos que superarlo.

Incapaces de hacer frente a su creciente división interna, muchos tratan desesperadamente de modelar y remodelar sus cuerpos. Millones de personas consumen narcóticos, beben alcohol o incluso se suicidan.

Y sin embargo, por más que nos aferramos a soluciones externas para cambiar cómo nos sentimos con respecto a nosotros mismos, no hay pruebas de que ningún ser humano haya encontrado la felicidad estando en guerra consigo mismo. Después de todo, si pasas la mayor parte de tu tiempo en este estado de guerra, ¿cuánta energía te quedará para disfrutar de tus relaciones, riqueza, ocio o éxito?

¿Qué más sucede cuando no estamos en paz con nosotros mismos?

¿Jugaste alguna vez al «pillapilla» cuando eras niño? La forma en que yo jugaba era poniéndonos en círculo y diciendo: «Pinto, pinto, gorgorito, agarra al tigre por el rabito», y luego se iba eliminando a un niño tras otro, hasta que el último que quedaba era el cazador.

¿Qué estábamos haciendo? En lugar de tomar claramente una decisión, dejábamos que la suerte decidiera. Nadie tenía que responsabilizarse de elegir al cazador.

Cuando no hay armonía en nuestro interior, suele ser así como tomamos las decisiones más importantes de nuestras vidas; incluso de adultos. Somos indecisos porque nuestros estados de sufrimiento nos dejan sin fe ni respeto en lo que se refiere a nosotros mismos y por nuestras decisiones. Seguimos jugando al «pinto, pinto, gorgorito» a la hora de elegir nuestra profesión, nuestro cónyuge o nuestros socios de negocios. Sencillamente, nos falta confianza para decidir o elegir.

Incluso cuando elegimos, seguimos dudando. Dudamos que estemos enamorados de la persona adecuada, a veces incluso después de llevar tres años en una relación. Dudamos de la profesión elegida cuando han pasado diez años desde que empezamos a trabajar. Dudamos de la carrera que estudiamos en la universidad mucho después de la graduación. Perdidos en la confrontación de opiniones y puntos de vista contradictorios, olvidamos lo bonita que puede ser la vida.

Incapaces de soportar este caos interior, corremos de una solución rápida a otra, buscando cualquier cosa para silenciar las voces conflictivas y molestas que crean esta claustrofobia interior. Y cuando nada conduce a un cambio duradero, podría parecer que el mundo ha sido injusto con nosotros.

«¡Con lo bueno que soy!» —lloramos—. Nunca le he hecho daño a nadie en mi vida. ¿Cómo es que soy tan infeliz?».

Las tres expresiones del yo guerrero

En el famoso poema épico indio *Ramayana*, el villano, el rey Ravana, se enfrenta a un dilema único. No era un rey estúpido ni malvado, como muchos de los villanos que hemos conocido. Era un gran erudito, un gran conocedor de las Escrituras, y llevó una gran prosperidad a su reino.

Entonces, ¿cómo es que las acciones de este hombre, considerado virtuoso en todos los sentidos, causaron la muerte de su hermano, de su hijo y de todo su clan? ¿Qué lo llevó a secuestrar a la esposa del héroe, Rama, una acción que hizo que todo el reino de Ravana ardiera en llamas? ¿Cómo es que un hombre tan culto se volvió tan destructivo?

La historia describe a Ravana como un hombre con diez cabezas. Sus muchas cabezas simbolizaban los valores conflictivos y los deseos obsesivos que lo mantenían atrapado dentro de su propia cabeza. Nada de lo que sabía lo ayudaba a silenciar el tormento de sus deseos y valores contradictorios. Era un hombre en guerra consigo mismo, y no pasó mucho tiempo antes de que esa guerra interna se extendiera a todos los que lo rodeaban.

Cuando leas la historia de Ravana, es posible que te hagas una pregunta que es tan relevante hoy en día como lo era en la antigüedad: «¿Por qué la gente buena se vuelve mala?».

¿No nos lo hemos preguntado todos en algún momento de nuestras vidas? Miramos a una hermana, hijo o amigo que se ha desviado de su camino y nos preguntamos: «¿Qué demonios salió mal?». Miramos al líder o al artista en el que alguna vez creímos y nos preguntamos: «¿Cómo pudo perder el rumbo de esa manera?».

Cuando una persona se pierde en un estado de guerra interior, se vuelve como Ravana. No solo tiende a ser autodestructivo, sino que tiene el poder de destruir a otros. Podría tratarse de la persona más bienintencionada del mundo, pero si su interior es un campo de batalla de valores conflictivos, llevará el caos a dondequiera que vaya.

El fuego de nuestra guerra interior puede ser provocado por deseos conflictivos, como:

- *Quiero ser una madre ejemplar, pero entonces tendré que renunciar a mi carrera... No puedo tenerlo todo.*
- *Quiero ese ascenso, pero entonces nunca podré viajar por el mundo... Supongo que tendré que conformarme.*
- *Quiero una relación, pero no quiero perderme la vida de soltero... Haga lo que haga voy a ser infeliz.*

Nuestra batalla interior podría ser también por el conflicto entre nuestros ideales y nuestra realidad. Deseamos ser virtuosos, pero nos atrae el vicio. Deseamos ser pacientes y amables, pero estamos llenos de ira e intolerancia.

Cuando no logras liberarte de este tipo de conflicto interno, no importa qué camino tomes. Tu insatisfacción puede intensificarse en estados de depresión e incluso en un odio hacia ti mismo y todo lo que te rodea.

Eso es exactamente lo que le pasó a Ravana. Aunque sabía que sus deseos conflictivos serían su perdición, y que el destino de su reino estaba en juego, no podía resistirse.

Muchos de nosotros vivimos con el mismo tormento interior que Ravana. Pero si nuestro mundo interior es un campo de batalla, ¿cómo podremos conocer los hermosos estados de felicidad o libertad?

Campo de batalla puede parecer una expresión fuerte. Es verdad que todos nos sentimos insatisfechos y no lo suficientemente valorados la mayor parte del tiempo. Pero así es la vida.

¿O no?

Pese a que la causa de las luchas en nuestras vidas puede parecer externa, de hecho, somos nosotros los que estamos desatando una fuerza destructiva en el mundo al adoptar alguna de las siguientes expresiones del yo guerrero.

La primera expresión de nuestra guerra interior es un «yo disminuido».

El yo disminuido

Cuando Alex tenía unos doce o trece años, sufrió acoso escolar porque era muy endeble y mucho más pequeño que sus compañeros de clase. Para hacer frente a su estado de humillación, empezó a hacer gimnasia. Cuando llegó a la universidad, era uno de los estudiantes más atractivos del campus: las chicas prácticamente se desmayaban por él.

Y su éxito no se detuvo ahí. Triunfó en los negocios, se hizo rico y se casó con una mujer hermosa.

Sin embargo, hasta el día de hoy, Alex se siente muy cohibido e incompetente porque es incapaz de resistir el ansia de compararse con los demás. Al comparar el comportamiento de su esposa con el de otras en su pasado, no se siente seguro de que ella sienta o necesite su amor.

Estaba convencido de que si llegaba a la cumbre en todas sus aspiraciones, no tendría ninguna razón para sentirse inferior a nadie más. De niño decidió que llegaría a un punto donde los demás se compararían con él, en lugar de que fuera al revés.

Pero tras embarcarse en un viaje interior en busca de la verdad, vio que la realidad era muy diferente. Su hábito obsesivo de compararse continuamente no había desaparecido ¡a pesar de todo el éxito y la riqueza que había conseguido!

Vivir enredado en estados de sufrimiento hizo que sus negocios adoptaran un extraño patrón. Ningún contrato le parecía lo suficientemente bueno, aunque le reportara una buena ganancia. Creía que a los otros siempre les iba mejor. Asimismo, estaba convencido de que solo lograba el éxito tras un inmenso y arduo trabajo. Para él a todos los demás les resultaba mucho más fácil.

Este patrón solo cambió cuando desapareció su discordancia interna. Esto ocurrió en el transcurso de una meditación mística con Krishnaji cuando surgió en él una nueva inteligencia que lo hizo despertar de la ilusión de un yo limitado y experimentar un estado de conciencia en el que ya no sentía división ni necesidad de comparar.

Una vez que Alex experimentó esa transformación en la conciencia, le resultó mucho más fácil acceder a estados hermosos de creatividad y a una mente despejada, y es desde ahí desde donde ahora alcanza sus logros. Este yo disminuido que Alex experimentó no es raro. A menudo se manifiesta como una terrible timidez, desconfianza o baja autoestima. A veces, como en el caso de Alex, nuestros intentos desesperados de agrandar nuestro ser disminuido pueden hacernos extremadamente agresivos.

Pero ¿cuál es la verdad del yo disminuido?

Lo que alimenta al yo disminuido es el hábito adictivo de compararnos con los demás y percibir que no estamos a la altura de ellos.

Nos sentimos pequeños e insignificantes. Sentimos incomodidad en presencia de aquellos que creemos que son más inteligentes, más atractivos y con más talento que nosotros. Imaginamos que otros nos juzgan como inferiores, y nos volvemos apocados.

Un yo disminuido genera incertidumbre y nos hace renunciar a las alegrías de la vida. Nos falta el valor para perseguir lo que nuestro corazón anhela.

El yo destructivo

La segunda expresión de nuestra guerra interior es un «yo destructivo».

Alicia y Greg, una pareja de Suiza, llevaban más de una década con problemas, pero habían permanecido juntos por su única hija. Finalmente, cuando su hija se marchó a la universidad, decidieron seguir adelante con el divorcio. Desafortunadamente, sus problemas no terminaron ahí. Greg, que siempre había sido un hombre razonable, cambió cuando consiguió el divorcio. Se dejó llevar por el odio y se propuso complicarle la vida a su exesposa. Mientras permanecieron casados, ella era fuerte y dominante, mientras que él era sumiso. Fue como si la separación lo hubiera liberado para dar rienda suelta a toda la rabia y la agresividad que había acumulado durante años. Comparaba constantemente su vida familiar truncada y conflictiva con la vida que podría haber tenido y culpaba a su esposa de su infelicidad.

Greg tenía una buena formación y era financieramente independiente, disponía de recursos para vivir sin preocuparse de nada, pero a pesar de ello se obsesionó con ajustar cuentas.

Cuando cedemos al estado del yo destructivo, nos volvemos desequilibrados emocionalmente, impulsivos e inestables. Un yo destructivo puede manifestarse como perfeccionismo, ambición excesiva y crueldad, o como una adicción al placer, a hábitos poco saludables o al trabajo.

Desde este estado, percibimos a los demás como competidores o enemigos. Dominarlos o mostrar nuestro poder llega a ser más importante para nosotros que nuestro propio crecimiento y bienestar. Convertimos a los amigos y la familia en adversarios. Nos endurecemos y nos volvemos insensibles, y encontramos muy pocas personas que podamos llamar amigos. Este estado nos hace formar relaciones malsanas.

Vivir con el yo destructivo es el hábito adictivo de comparar nuestra vida con cómo debería haber sido y con las de los demás.

Pero no solo comparamos, sino que también culpamos a otros de nuestra exasperante realidad.

La vida se convierte en una guerra.

El yo inerte

Llamamos a la tercera expresión de nuestra guerra interior un «yo inerte».

Durante toda su vida, Beth se comparó con sus hermanos, y nunca estuvo a la altura. Se la consideraba menos atractiva que sus hermanas, y una discapacidad de aprendizaje le impedía alcanzar el mismo éxito profesional que estas disfrutaban. Para empeorar las cosas, sus padres se burlaban de ella por su pereza, lo que no hizo más que agravar su guerra interior.

Y así cayó en un círculo vicioso: comía más, no hacía ejercicio ni trabajaba y perdió la poca confianza que tenía. Desperdició todo su dinero en inversiones poco inteligentes. Fantaseaba con la vida que sabía que merecía, pero que le parecía irremediablemente fuera de su alcance.

Las características predominantes de un yo inerte son la indiferencia, la falta de responsabilidad, la pereza y la dilación. Nos falta empuje y motivación. ¡La única actividad que nos tienta es soñar despiertos! ¿Qué hay detrás de este yo inerte? Una vez más, el hábito de compararnos con los demás; pero mientras que el yo disminuido lucha para salir ganando en esa comparación y vive la vida como una especie de carrera sin fin, el yo inerte se rinde sin esfuerzo.

Perdemos la esperanza de que algo bueno vaya a sucedernos.

Si vivimos en alguna de estas historias, podemos sentirnos tentados a quitarle importancia enseguida, considerándolas malos hábitos o rasgos de comportamiento que habría que corregir.

En nuestro afán de liberarnos de nuestro yo disminuido, podemos aficionarnos a los deportes de riesgo. Asumimos que la solución a la baja autoestima es proyectar una imagen gloriosa de uno mismo, pero eso solo aumenta inconscientemente nuestra división interior.

En un intento de trascender el yo destructivo, tratamos de refinar nuestro comportamiento, nuestra cultura o nuestro lenguaje. Tratamos de controlarnos y dominarnos, pero a menudo terminamos cambiando una adicción por otra.

Finalmente, para liberarnos del estado de inercia, hacemos esfuerzos desesperados para arrastrarnos al gimnasio, desintoxicar nuestros cuerpos o incluso depurar nuestro hígado, sin dirigirnos nunca a nuestra conciencia.

¿Son soluciones duraderas? ¿Cómo podría producirse una verdadera transformación sin prestar atención al hecho de que se trata solo de síntomas de una guerra interna más profunda?

Por favor, haz una pausa aquí. Respira profundamente. Observa los momentos de disgusto, insatisfacción u odio hacia ti mismo. ¿En qué yo se ha transformado tu batalla interior?

Observa sin hacer nada el impacto de estos yoes en tu vida.

En busca del amor perdido

El gran emperador mogol Akbar era conocido por los desafíos y debates intelectualmente estimulantes que sostenía con sus ministros. La historia cuenta que una vez les lanzó un desafío bastante divertido: les pidió que le trajeran al mayor tonto del reino.

Birbal, un ministro particularmente brillante, pasó el día entero buscando por todas partes, pero no logró encontrar a ese tonto mayúsculo. Al atardecer, cuando regresaba fatigado al palacio, sus ojos se fijaron en un anciano que buscaba algo bajo la tenue luz de una farola.

Se acercó y le preguntó qué estaba buscando.

El anciano, al ver al ministro vestido con túnicas reales, contestó respetuosamente que estaba buscando una llave que se le había perdido. Haciendo gala de su empatía, Birbal se unió al hombre en su búsqueda. Tras unos minutos, le preguntó dónde perdió exactamente la llave. El anciano señaló hacia un oscuro rincón muy lejos del lugar donde estaban buscando.

—Si perdiste la llave *allí*, ¿por qué la buscas *aquí*? —preguntó el ministro.

—Porque aquí hay luz —contestó el anciano.

Birbal sonrió, convencido de que había completado la tarea con éxito. Llevó al tonto ante el emperador y se ganó su recompensa.

¿Cuántas veces nos preguntamos por qué ninguna de nuestras soluciones externas trae paz a la guerra que se libra en nuestro interior? Por supuesto, el mundo está lleno de soluciones rápidas que nos brindan estados temporales de «bienestar». Pero en cuanto llega el siguiente desafío, nos arroja de nuevo al mismo torbellino de conflicto, reprobación y desprecio hacia nosotros mismos.

Lo mismo que el anciano de la historia de Birbal, no podemos resolver nuestros problemas, porque no sabemos dónde buscar las soluciones. E incluso cuando estamos dispuestos a mirar hacia dentro, intentamos atravesar nuestros estados de sufrimiento con una espada. Nos culpamos de nuestra reticencia, nuestra falta de amor propio o nuestras dudas. Pero ¿y si todo esto fueran meras manifestaciones de algo más profundo?

En la raíz de toda infelicidad hay una obsesión incesante con el yo.

Cuando le explicamos a alguien este descubrimiento profundo y transformador de la vida, a menudo nos encontramos con una resistencia inmediata:

- *Pero es que mi pareja me engañó...*
- *Son mis hijos, que no me escuchan...*
- *Es que mi jefe se atribuye el mérito de mi trabajo.*

Podríamos pensar que con seguridad hay excepciones a la idea de que «toda la infelicidad procede de la obsesión con uno mismo», ¡especialmente porque estamos leyendo un libro sobre cómo transformar nuestras vidas! Somos los que se quedan hasta tarde en el trabajo cuando los demás se van cinco minutos antes. Los que se encargan de alimentar a los niños, de pagar al fontanero, de reservar la cita con el dentista... y de un montón de cosas más...

¿Cómo es posible que alguien que se esfuerza tanto en ser una buena persona sea el causante de su propio estrés? Seguro que hay un error.

¿Cómo puede alguien tan *desinteresado* estar obsesionado consigo mismo?

En primer lugar, aclaremos que existe una clara diferenciación entre el egoísmo y la obsesión con uno mismo. No estamos hablando de actuar sin tener en cuenta a los demás. Lo que entendemos por obsesión con uno mismo es una preocupación constante por la propia persona.

Ahora, antes de que empecemos a negar nuestra obsesión, preguntémonos: «¿Con qué frecuencia libramos luchas imaginarias en nuestra mente, comparándonos con los demás y obsesionándonos con lo que piensan de nosotros? ¿Cuántas veces hemos publicado algo en Facebook, imaginado una reacción negativa y publicado una declaración para contrarrestarla antes de que alguien llegara a responder?».

Y ¿cuántas veces hemos culpado a otro de cómo nos sentimos, a pesar de que nuestros *propios* pensamientos giran obsesivamente alrededor de nosotros mismos?

No olvidemos que este estado de preocupación por uno mismo es el caldo de cultivo de toda infelicidad y guerra interior.

Mientras no hagamos las paces con nosotros mismos, nuestro mundo interior será un campo de batalla y de conflicto:

- *¿Por qué la quieren más a ella que a mí? ¿Por qué mi vida no puede parecerse más a la suya?*
- *Qué atractiva y qué brillante es... ¿Por qué yo no?*
- *¿Por qué no nací en una familia rica? ¿Por qué él sí?*

Seguirás entonando: «¿Por qué a mí?». O: «¿Por qué yo no?».

Pero nuestra lucha interior no tiene nada que ver con situaciones externas. Que no seas tan alto como tu padre ni tengas tanto éxito como tu compañero de habitación en la universidad son circunstancias de la vida, sin más. Estas circunstancias pueden causar inconvenientes o dificultades, pero siempre podemos encontrar soluciones para los problemas externos.

Ahora bien, como es natural, no estamos negando que existan esos desafíos de la vida humana que todos experimentamos en diversa medida. Solo habitaremos en nuestro cuerpo durante un tiempo limitado. No todos tenemos la suerte de disfrutar de una salud perfecta ni una familia que nos brinde amor. Para muchos la vida en este mundo no es ni fácil ni amable.

Pero cuando nos perdemos en una vorágine de pensamiento obsesivo sobre nosotros y nuestras dificultades, nos obsesionamos con lo injusto de la vida. Nuestra mente hace que todo —nuestro cuerpo, nuestra vida, nuestro mundo— parezca incompleto o desagradable. Sufrimos una exagerada y dolorosa sensación de «injusticia», como si el universo nos lo negara todo a propósito. Nos quejamos: «¿Cómo voy a estar en paz con la suerte que me ha tocado?».

¿Te has dado cuenta de que, en estos estados de sufrimiento, nuestras vidas se llenan de problemas y caos?

Cuando nos domina la obsesión por nosotros mismos, no resolvemos nunca los problemas reales que nos acucian. Hemos desarrollado una mente perpetuamente insegura que ve enseguida el insulto o la falta de respeto incluso donde no los hay. Nos sentimos descontentos con lo que somos y obsesionados con una imagen de lo que deberíamos ser. Para sobrevivir a nivel psicológico tratamos desesperadamente de adaptarnos a las normas de los demás y de conseguir que nos presten atención.

Nos acostumbramos a utilizar muchas máscaras, y mientras lo hacemos nos alejamos de nuestro verdadero poder, que surge de un hermoso estado de conciencia.

Podemos hablar sobre amor propio y autocuidado, pero en vez de abordar el problema central de la preocupación obsesiva con nosotros mismos, solemos quedarnos en soluciones superficiales.

¿Hasta qué punto puede ser eficaz ese autocuidado si permitimos que nuestro ser interior permanezca en un estado de sufrimiento en el que se siente herido y maltratado? ¿Hasta qué punto puede ser real nuestro amor propio si, aunque nos tomemos unas vacaciones de lujo, no hacemos nada por descansar de la incesante charla interior? Porque en ese estado andamos perdidos y desconectados. Nos es imposible disfrutar la vida.

Para desarrollar un verdadero amor propio hay que superar la obsesión con uno mismo y vivir en un estado de belleza.

Pero, esto, ¿cómo se hace? Pasando de esa dolorosa obsesión a un estado de agradable observación. Según el doctor Daniel J. Siegel, profesor clínico de Psiquiatría, cada vez que entramos en un estado de observación, la actividad neuronal pasa de la amígdala del cerebro, el centro del miedo y la ira, a la región prefrontal media del pensamiento inteligente y a un sentido de conexión más amplio.

Si así es como un científico ve la observación, la idea que tienen los místicos del fruto de la observación sería la activación del tercer ojo, tal y como se muestra en las imágenes de muchas deidades orientales.

Nuestro viaje para llegar a la belleza comienza con la verdad, porque solo la verdad puede hacernos libres. Si conseguimos ver la verdad de nuestra propia guerra interior y la forma en que distorsiona nuestra manera de ver la vida, podremos transformarla sin juzgarla. En ese momento entramos en un hermoso estado de serenidad. Si aceptamos plenamente nuestra incesante comparación con los demás y nuestro estado de desconexión, sin luchar contra él ni avergonzarnos, surgirá espontáneamente dentro de nosotros el hermoso estado de conexión. Si podemos ser testigos del caos absoluto de nuestras vidas, por nuestra perpetua insatisfacción con nosotros mismos, empezará a producirse un cambio en ellas.

Déjame contarte la historia de Maureen, una mujer mediterránea que valientemente transformó su sentido de identidad.

Cuando conocimos a Maureen, tenía cuarenta y tantos años. Trabajaba en el mundo empresarial y proyectaba una imagen dura. Era atlética y apenas sonreía. Incluso las palabras más corrientes las pronunciaba con una cierta rigidez. Pero durante un retiro en el que estuve guiando a todos los asistentes en la búsqueda de la plenitud, Maureen experimentó una verdadera metamorfosis.

Cuando tenía solo ocho o nueve años la violó un desconocido. Al alejarse, la escupió y le dijo: «Eres una niña fea».

Durante años Maureen vio a muchos terapeutas para superar la rabia y el persistente sentimiento de falta de respeto que sentía hacia sí misma. Se casó dos veces. Tenía una cartera de negocios importante y era célebre por su eficiencia y dureza, pero jamás sintió el respeto que deseaba.

Cuando la guiamos a un profundo estado de meditación, observó, por primera vez en su vida, todo ese episodio como un testigo pasivo. No había un yo guerrero, gritándole: «No debería haber pasado. Mi vida debería haber sido diferente». No había «debería haber sido» ni «no debería haber sido». Sencillamente las cosas habían sido así. Todo lo que pasó en su vida era solo eso, algo que había sucedido. Era la primera vez que conseguía salir de su ensimismamiento, de su yo herido, y contemplar su vida.

A medida que se adentraba más en la meditación de campo ilimitado, tuvo una experiencia muy poco corriente. Sentía como si el universo la abrazara. Como si el universo fuera un ser vivo que quisiera protegerla y ayudarla a sanar esa parte profundamente herida de sí misma.

Nos explicó que tenía la sensación de que su corazón era un cristal roto, y que en ese abrazo trascendental se había empezado, por fin, a reconstruir.

Pero no solo esa experiencia sobrenatural fue profundamente poderosa: la forma en que cambió su vida a partir de entonces fue igualmente milagrosa.

Aquella experiencia que hasta entonces la había marcado con tanto dolor dejándole una imborrable cicatriz se había convertido en un momento más de su vida, un momento que podía contemplar desde un hermoso estado de calma.

Ahora, después de esa intensa experiencia transformadora, siente un amor y una compasión hacia sí misma de una profundidad que no había experimentado nunca. Su tendencia a la autoobsesión ha desaparecido. Por primera vez rechazó un ascenso que le ofrecieron, el último de una larga lista. Decidió seguir avanzando en su viaje interior y emplear lo que ha descubierto de la manera más desinteresada posible. «Quiero tomarme este tiempo para sanar a los demás», dijo.

Desde entonces, Maureen se ha reinventado como mentora de los jóvenes empleados que acaban de entrar en su organización. Se siente en paz con el amor que ha encontrado en su vida.

No necesitamos pasar por un trauma como este en nuestro pasado para entender su dolor. Pero hemos de liberarnos de los recuerdos que nos persiguen como pesadillas. Despertar a un estado de armonía. Si observamos la naturaleza de todos los estados de guerra del yo, vemos que en su totalidad son críticos internos que nos desgarran, arrebatándonos los hermosos estados de alegría y calma de nuestras vidas. Independientemente de nuestras historias personales, ya sean sencillas o complicadas, cuando estamos atrapados en las garras de estos yoes guerreros, lo criticamos todo sobre nosotros mismos: nuestra apariencia, nuestro estatus, nuestro hogar y nuestra familia, nuestra vida misma. En la raíz de nuestra división interior está el hábito del comentario incesante, que divide cada experiencia de nuestras vidas en «debería ser» y «no debería ser». Es este hábito el que nos lleva a la comparación y a la guerra interior.

Cuando miras tu cuerpo, no lo ves como es; piensas en cada centímetro de su superficie, en *cómo debería ser* o *cómo no debería ser*. Cuando estás con tu familia, no estás presente con ella tal como es; comentas *cómo debería* o *no debería ser* cada miembro. Cuando entras en tu casa, no la disfrutas; consideras que *debería ser más grande* o *más pequeña,* o que *no debería ser la que es*. Cuando llegas al trabajo, no estás imbuido de propósito o creatividad; juzgas cada día y piensas que *deberías estar en otro lugar* o que *no deberías estar ahí.*

Cuando te conviertes en un observador de la vida, todos los comentarios se vuelven redundantes y se desprenden de ti como hojas secas. El río de la conciencia los arrastra. Un profundo sentido de calma y dicha irradia desde tu ser. En este magnífico estado de conciencia se asimila cualquier fracaso sin necesidad de culparse a uno mismo ni culpar a otro. Se acepta cualquier derrota sin necesidad de justificarse ni de condenar a nadie. Las palabras y declaraciones de otras personas no se convierten en tu manera de verte a ti mismo o a tu cuerpo. Te sientes cómodo con tu yo irritado, tu yo celoso y tu yo solitario. No criticas ninguna parte de ti. Estás a gusto con la totalidad de tu ser. En este estado de conciencia del que procede la observación, comprendes el verdadero significado de la compasión y la libertad.

Al cesar nuestros continuos comentarios sobre cada experiencia de la vida que la califican como buena o mala, fea o hermosa, que debiera ser o no debiera ser, trascendemos el orgullo y la humillación, la culpa y el arrepentimiento. Entramos en el reino de la conciencia pura donde todo es sagrado. Todo sencillamente es. Lo mismo que tu vida y cada una de las personas que participan en ella sencillamente son. La vida sencillamente es una corriente de este universo.

Y cuando dejamos atrás esta guerra interior, despertamos a las pasiones de nuestro corazón y al propósito mayor de nuestras vidas. Estamos más presentes para nuestros seres queridos y somos más capaces de dar a nuestra comunidad y al mundo. Estamos verdaderamente motivados para cambiar la vida de quienes nos rodean.

Hemos trascendido el «debe ser» y el «no debe ser» hasta llegar a «lo que es». Vivimos enamorados de la vida y de nosotros mismos. Es un hermoso estado de conciencia.

Por favor, haz una pausa aquí. Relájate. Respira y siente tu cuerpo. No hay «debería ser» o «no debería ser». Tu cuerpo sencillamente es. Respira lentamente y mantén a tu familia en tu corazón. No hay «debería ser» o «no debería ser». Esta es tu familia. Sencillamente es así. Respira profundamente. Mira tu casa. No hay «debería ser» o «no debería ser». Esta es tu casa. Sencillamente es así.

Finalmente, observa tu propia autocrítica con bondad. No te enfades contigo mismo por juzgar. Sonríele. No hay «debería ser» o «no debería ser». Solo hay lo que hay.

Una observación serena de lo que hay te lleva a los bellos estados de calma y plenitud interior. Cuando tu guerra contigo mismo termina, entonas un nuevo cántico: «Qué hermosa es mi vida».

Ejercicio de sincronización del alma: transforma tu yo guerrero en un yo armonioso

Puedes comenzar esta sincronización del alma con la visión de lo que significaría estar en un estado de calma y armonía con la totalidad de ti mismo.

Una vez más, puedes repetir los primeros cinco pasos de la meditación de la sincronización del alma tal y como se describe en la página 48 y siguientes.

Cuando llegues al sexto paso, imagínate o siéntete como un ser en armonía: alguien que ya no está en guerra consigo mismo, con la vida, con otras personas y con el mundo que lo rodea. Siente lo que es estar en paz contigo mismo, exactamente como eres en este momento.

III

El tercer secreto sagrado: despertar a la inteligencia universal

∞

El tercer secreto sagrado: despertar a la inteligencia universal

Preethaji

El cuerpo humano está formado por sesenta elementos de la naturaleza. Actualmente, estos elementos cuestan solo unos ciento cuarenta y cinco euros.

De ellos, solo seis (oxígeno e hidrógeno, carbono y nitrógeno, calcio y fósforo) constituyen el noventa y nueve por ciento del cuerpo. Lo curioso es que el cuerpo no consiste simplemente en seis o sesenta elementos agrupados y dispuestos de cualquier manera. Hay una inteligencia increíble e incomprensible que convierte estos compuestos químicos en un corazón, un cerebro, sangre, huesos y ADN. ¡No logramos comprender cómo estos sesenta elementos forman los doscientos tipos diferentes de células que constituyen un ser humano!

Detrás de cada ser que te encuentras, ya sea un pino, una seta, una ameba, una ballena o un rinoceronte, hay una inteligencia universal en acción.

¿En qué parte del cuerpo crees que se asienta la inteligencia?

La respuesta estándar es el cerebro, con sus cien mil millones de neuronas, billones de células de apoyo y trillones de conexiones neuronales.

¿Sabías que hay casi cuarenta mil neuronas en el corazón que son muy similares a las de tu cerebro y que también participan en el proceso de sentir, intuir y decidir? También hay quinientos millones de neuronas en tu intestino. Ambos órganos sienten y deciden.

En los procesos de transformación que llevamos a cabo en O&O Academy, hemos visto cómo los participantes liberan viejos recuerdos que suelen estar almacenados en diferentes puntos de las neuronas de la médula espinal. Y una vez que se han liberado, cambia por completo la forma en que interpretan su pasado: sus acciones y palabras se vuelven más positivas.

De manera que hay una inteligencia cerebral, una inteligencia cardíaca, una inteligencia intestinal y una inteligencia vertebral.

No podemos limitar la inteligencia a ninguna de estas partes del cuerpo. Del mismo modo en que no podemos limitar la inteligencia en el cuerpo humano solo al cerebro, tampoco podemos limitarla solo a las criaturas con cerebro. Y así como la inteligencia del cerebro, el intestino, el corazón y la columna vertebral no están desconectadas, sino que forman una sola inteligencia, tras este vasto universo visible con múltiples formas de vida, hay una inteligencia universal invisible.

¿Y si pudiéramos acceder a ella?

De hecho, podemos hacerlo.

El don de la inteligencia universal

El tercer secreto sagrado es un auténtico regalo para cualquiera que haya sufrido alguna vez por encontrarse desconectado o estancado. Muchos hemos visto ejemplos convincentes de que el mundo es un lugar frío e indiferente, y hemos perdido la esperanza de que hubiera algo o alguien que nos apoyara para hacer realidad nuestras esperanzas y nuestros sueños.

Pero la vida no tiene por qué ser así.

Cuando te abres a esta inteligencia universal, experimentas una avalancha de nuevas ideas y esa clase de coincidencias y sincronicidades que hacen que la vida fluya aparentemente sin esfuerzo.

Srinivasa Ramanujan fue uno de los mejores matemáticos de la India. A menudo trabajaba en un estado de absoluta receptividad, y descubrió que, en esos momentos, una fuente de inteligencia universal le revelaba complejas e intrincadas fórmulas y soluciones matemáticas. Luego volvía a un estado ordinario y procedía en orden inverso para demostrar lógicamente las soluciones y fórmulas que le habían sido reveladas. Hoy en día, más de cien años después de su muerte, sus fórmulas se utilizan para entender el comportamiento de los agujeros negros.

Descubrirás que siempre que seas capaz de desprenderte de las preocupaciones, los miedos y las obsesiones y pedir la ayuda de la inteligencia universal, esta llegará en cuestión de minutos. Se presentará a tu mente en forma de idea y a tu cuerpo como sanación. Para el mundo exterior, parecerá una coincidencia o una increíble solución a los desafíos de la vida.

Esto nos recuerda una fábula india. Al parecer, todos los animales de una aldea decidieron hacer una excursión por la selva. Se juntaron, entre otros, caballos, burros, ratas, cerdos, murciélagos y gatos.

De repente, el perro se dio cuenta de que faltaba el lagarto del ayuntamiento. Así que corrió hasta allí y le pidió al reptil, que estaba tumbado bajo un alero del tejado, que se uniera a la excursión.

El lagarto respondió con una expresión de preocupación en su cara: «Lo siento. No puedo ir con vosotros, porque estoy sosteniendo el tejado del ayuntamiento con la barriga y si me bajo de aquí se derrumbará».

De alguna manera, cuando vivimos en estados de miedo, preocupación y desesperación, somos como ese lagarto ignorante. Nuestros miedos nos impiden ver una verdad mayor.

Cuando estás en un estado de soltar el control, te conectas con el universo y despejas tu camino para avanzar.

Puedes encontrar la respuesta en forma de una idea que se te ocurre cuando estás a punto de dormirte o en tus sueños. Con frecuencia experimentarás una gran claridad al despertar o bien la solución surgirá en la forma de un amigo que te llama o de un compañero que te dice exactamente cómo solucionar un problema determinado.

La conexión divino-humana es quizá la relación más antigua que conocemos. A menudo hablamos de celebrar nuestro décimo aniversario, nuestro vigésimo quinto aniversario, etc. ¿Nos hemos perdido la celebración de este aniversario que podría ser el número diez mil o el ochenta mil? La relación más duradera es la que la humanidad mantiene con la conciencia universal. Encontramos referencias a esta relación mística en todos los países y a través de la historia documentada, así como en una realidad alternativa que está al alcance de los místicos.

En ciertas culturas esta relación con la conciencia universal, o la fuente, es muy personal, mientras que en otras es impersonal. Esta es una relación atemporal, tal como la describe Miguel Ángel en el Vaticano, entre lo trascendental que llega a la conciencia cotidiana mundana y lo mundano que aspira a elevarse a lo trascendental.

Así como la naturaleza ha dotado al cerebro de la capacidad de ver, oír, tocar y sentir, creemos que también ha dejado una ventana en él para experimentar lo universal. Es posible que cuando entramos en un estado de soltar el control, ciertas partes de nuestro cerebro se activen y tengamos acceso a la inteligencia universal.

Conocemos innumerables casos de graduados de la academia que han experimentado el poder y la armonía de la inteligencia universal. Uno de ellos es el de un médico de Gran Bretaña.

A los cuarenta y cinco años, este médico se sometió a un chequeo de rutina y descubrió sorprendido que tenía todos los marcadores de cáncer increíblemente elevados. Sin embargo, los médicos no consiguieron detectar dónde estaba creciendo esta enfermedad. Comenzó a angustiarse terriblemente pensando en su esposa e hijas, que dependían totalmente de él.

Tras varios exámenes y tratamientos, llegó a nuestra academia de la India en un estado de desesperación. Durante su estancia con nosotros, comprendió que su miedo y ansiedad se parecían a los del lagarto de nuestra historia. Se preocupaba sin cesar de que el día de mañana su esposa e hijas no fueran capaces de salir adelante sin él y de que su muerte prematura fuera la causa de su desgracia. Tras una semana en la academia, superó su miedo obsesivo a la muerte. Se había abierto a una extraordinaria conexión con la inteligencia universal de su corazón. Esto ya no era solo una idea, sino una experiencia. Cuando regresó a casa, descubrió que todos los marcadores de cáncer habían vuelto a la normalidad. Actualmente trabaja como formador en O&O Academy, ayudando a otros a vivir en un estado de belleza.

Otro miembro de nuestra comunidad experimentó la inteligencia universal de una manera diferente. Llevaba trabajando en una prestigiosa empresa de automóviles desde que completó su formación, hacía dieciocho años. Unos años antes de que lo conociéramos, fue ascendido a vicepresidente y transferido a la India para dirigir la sucursal de la empresa. Detestaba el nuevo puesto porque significaba marcharse de Francia, donde había hecho muchas amistades.

Por una serie de coincidencias, a su vuelta en la India, visitó nuestra academia. Al principio no paraba de hablar de lo desesperado que estaba por volver a Francia. Con el tiempo empezó a ver la infelicidad que le ocasionaba su obsesión. Al realizar varios procesos con nosotros, se desprendió de su ansiedad, estableció una conexión serena con el universo y le pidió que le mostrara el camino que debía seguir. En los días siguientes, comenzó a aceptar pacíficamente la parte más desagradable de su labor, mientras disfrutaba de la inmensa contribución que estaba haciendo a las carreteras de la India. Comenzaba el día haciendo el ejercicio de sincronización del alma y lo terminaba pasando a un hermoso estado de soltar el control y conectarse con el universo.

Día tras día, surgían ideas en la quietud de su conciencia. Así resolvía los problemas y fue haciendo crecer el negocio de manera exponencial. De repente, se abrió una oportunidad para trabajar con la energía verde en Francia; ahora es un líder en este campo. La inteligencia universal le abrió la puerta.

¿Quieres conectarte tú también a la inteligencia universal?

Prueba el siguiente ejercicio.

Las cuatro etapas para acceder a la inteligencia universal

PRIMERA ETAPA. Suelta toda la ansiedad, el miedo y la desesperación relacionados con lo que deseas (la práctica de la mente serena, que encontrarás en la página 96, puede ayudarte a conseguirlo).

SEGUNDA ETAPA. Abre el corazón a la conciencia de la inteligencia universal. La mayoría de la gente experimenta la inteligencia universal como un sentimiento profundo de poder, sosiego o amor. Para otros es una visión mística de una deidad o de un resplandor en el corazón. Algunos sienten una presencia grandiosa.

TERCERA ETAPA. Pide con alegría lo que quieres. Sé claro y específico. Pídele al universo como si estuvieras hablando con un ser vivo.

CUARTA ETAPA. Visualiza lo que deseas que suceda. Llena tu corazón de gratitud.

Recordemos que para realizar este proceso no hace falta mantener ninguna creencia, ni practicar con regularidad ninguna meditación. Puedes usar esta práctica cuando lo desees; o, como nuestro estudiante de Francia, convertirla en un ritual nocturno:

Una guía nocturna paso a paso

1. Cierra los ojos suavemente. Inspira y espira despacio. Respira conscientemente.

2. Visualiza una circunstancia específica de la vida en la que sientes que necesitas la ayuda de la inteligencia universal. ¿En qué tema crees que has llegado al final del camino? ¿En qué área sientes que has agotado todos tus recursos o habilidades mentales para llegar a una solución?

3. Repite el siguiente mantra: «Me desprendo de la desesperación de mi pequeño yo limitado y permito que la inteligencia

universal se haga cargo de mi problema». Dilo tres veces, creyéndolo y sintiéndolo profundamente.

4. Enfócate suavemente en el área del corazón. Permite que tu conciencia de la inteligencia universal se desarrolle de la forma que te resulte más natural. Podrías sentir la presencia como una gran sensación de poder, paz o amor. Podrías tener una visión mística de una imagen que tiene un gran significado para ti, o experimentar una presencia grandiosa sin forma.

5. Deja que esta experiencia se desarrolle dentro de ti y sumérgete en ella.

6. Observa gozosamente la presencia y háblale como si estuvieras hablando con alguien. Pídele al universo que haga realidad tu deseo más profundo. Háblale desde el corazón como lo harías con alguien en quien confías plenamente.

7. Visualiza tu deseo haciéndose realidad, y a ti disfrutándolo. Siente la alegría de vivir esa experiencia.

Permítenos contarte una historia sobre el poder de conectar con la inteligencia universal.

Anteriormente, Krishnaji se refirió a Ekam, el espacio de meditación que construyó para cumplir la visión de su padre. Ekam es más que una hermosa estructura arquitectónica. Es una fuente de poder místico donde la gente despierta espontáneamente a la trascendencia y a la conexión con la inteligencia universal.

Julie, una escritora romántica, estuvo a punto de no asistir al Festival de la Paz Mundial de Ekam en agosto de 2018. Era bastante feliz y no quería profundizar más en su vida espiritual.

Pero la curiosidad pudo más y decidió hacer el viaje.

En su primer día en Ekam, cuando se le pidió que reflexionara sobre un deseo profundo, pensó en su novio, que tenía una enfermedad crónica.

«Daría lo que fuera por que se librase del dolor —pensó—. Por mucho que lo ame, si nuestra relación se interpusiera en el camino de su libertad, aprendería a dejarlo ir».

Al día siguiente de llegar a Ekam, Julie sintió un dolor punzante, algo que nunca antes había experimentado. Mientras soportaba el malestar, se le ocurrió que era muy similar al tipo de dolor que su novio le describía a menudo.

En lugar de hacer lo que hubiera hecho en casa —tomarse un calmante— Julie decidió sentir el dolor. Había ido a muchos consultorios médicos con su novio, pero esta era la primera vez que se hacía una idea de lo que realmente debía de soportar al padecer un dolor crónico.

En Ekam se dio cuenta de muchas cosas, y estaba deseando compartirlas con él.

Pero tan pronto como llegó a casa, fue como si su mundo se hubiera puesto patas arriba.

Inmediatamente empezaron a surgir problemas entre ella y su novio. Parecía que salían a la luz todos los problemas que habían escondido bajo la alfombra durante su primer año juntos.

Mucho de lo que se habían ocultado el uno al otro durante el «período de la luna de miel» estaba allí frente a ella, y aumentó la tensión entre ambos, junto con la brecha que los separaba. Tanto creció que ya le costaba imaginar un futuro juntos. Romper parecía la única opción.

No obstante, pese a su desesperación, no podía olvidar lo que había experimentado en Ekam. El dolor con el que conectó. Ese dolor que no quería que nadie volviera a sentir. En Ekam, había despertado a un estado trascendental de compasión, y al conectarse con ese estado, llegó a la conclusión de que pasara lo que pasara entre ella y su novio, nunca lo trataría con crueldad.

Pero ¿qué había de la manera en que se trataba a sí misma?

Pensó en los deseos sobre los que había reflexionado en Ekam: su deseo de que su novio quedara libre de dolor, aunque eso significara perderlo.

¿Por qué ese deseo de buena salud de su novio venía acompañado por la condición de su propio dolor? ¿Por qué creía que necesitaba negociar con lo Divino? «Sacrificaré este amor que tanto significa para mí si le devuelves la salud a mi novio».

¿Por qué tenía una visión tan limitada de la inteligencia universal?

Era como si los cuentos que devoraba desde la infancia le hubieran inculcado la creencia de que el amor no es posible sin sacrificio, que el romance solo puede terminar en desesperación, que el universo no te dará nada sin llevarse algo a cambio.

Hoy en día, Julie no cree que tenga que elegir entre el amor y la salud. Gracias al secreto sagrado de la inteligencia universal, ha comprendido que su percepción errónea de un universo castigador era el fruto de siglos de condicionamiento. Se siente segura porque sabe de la benevolencia del universo, y ha comenzado a vislumbrar un futuro en el que ella y su novio experimentan tanto la salud como el amor. Pero no son solo las visiones de Julie sobre el futuro las que se han transformado. También ha comenzado a nutrir una profunda relación con su propio estado interior y la inteligencia del universo. Ya no se dice a sí misma «sé positiva» cuando surge el malestar. Ya no se esfuerza por ser la pareja «perfecta». Su felicidad ya no se ve oscurecida por los temores sobre lo que podría salir mal. Esto no quiere decir que nunca sienta miedo; sin embargo, cuando surge la inseguridad, el recurso de Julie es el tercer secreto sagrado, pide ayuda al universo y recibe apoyo inmediato: un sentimiento de calor, amor y conexión que le recuerda que tiene la fuerza para afrontar cualquier desafío que se le presente.

Como Julie, muchos de nuestros estudiantes están ansiosos por llevar armonía a sus relaciones. En el próximo periplo vital, aprenderás a despertar a la experiencia del amor, un estado que enriquecerá tus interacciones no solo con tus parejas y seres queridos, sino también con cada persona que conozcas. Recordemos también que «soltar el control» para conectarse con el universo no significa renunciar a lo que quieres; solo significa desconectarse de los estados de desesperación que sufrimos en torno a las dificultades de la vida y desprenderse del miedo al castigo divino o la culpabilidad por no ser merecedores de la gracia. Del mismo modo en que los estados de sufrimiento nos desconectan a unos de otros, ensimismarnos en el sufrimiento mientras intentamos acceder a la inteligencia universal nos mantiene desconectados de nuestro poder. La fuente únicamente puede derramar sus bendiciones sobre nosotros cuando estamos en un estado de belleza. Recordemos que todos los secretos sagrados están interconectados. Para crear un destino extraordinario tenemos que dominarlos todos.

El tercer periplo vital: conviértete en un compañero incondicional

Preethaji

La mayoría de la gente quiere encontrar el compañero adecuado para su vida. Es normal desear la compañía o el romance.

Pero ¿cuántos de nosotros sabemos de verdad lo que es amar? Cuando vivimos desde un estado hermoso de amor y conexión, no solo atraemos a las personas adecuadas, sino que las mantenemos con nosotros de por vida. Porque sin abrirnos al amor, llegará el momento en que incluso la persona adecuada nos hará daño.

Para comprobar esta idea no hace falta tener una relación íntima. Podemos observar cuál era realmente nuestro estado interior en las relaciones anteriores, o en las actuales, para no recrear nunca más las mismas experiencias limitantes o dolorosas.

Nos proponemos descubrir un estado de amor que tiene el potencial sublime de transformar la totalidad de nuestras relaciones.

El amor de nuestras vidas

¿Quién no ha deseado conocer a una persona en cuya presencia pudiera mostrarse tal y como es? ¿Quién no ha soñado con una relación en la que no existiera presión para ser de una manera determinada, sino la emoción de estar juntos y un profundo aprecio por el otro? ¿Quién no ha anhelado el tipo de amor que llena el alma de música?

Ese amor no surge porque dos personas compartan los mismos gustos, pasiones o intereses. Se produce cuando dos personas despiertan al hermoso estado de conexión.

¿Qué es la conexión?

Cuando tenía unos nueve años, me sorprendió mucho saber que los demás no experimentaban la vida como yo. Desde que tengo uso de razón, siempre he podido sentir lo que sentían mi madre, mi padre o mi hermana. Incluso sentía lo que sentían mis maestros y amigos.

No es que conociera sus pensamientos, pero podía sentir sus sentimientos como si nada nos separara. Y les respondía desde esa posición de saber. Hasta los nueve años creía que todo el mundo era como yo.

La conexión ha sido y es mi estado natural, y hay bastantes personas en mi vida que me han ofrecido su conexión sincera. Pero me gustaría hablarte sobre mi madre y Krishnaji.

Tuve una infancia bastante feliz y segura. Mis padres fueron muy cariñosos con mi hermana mayor y conmigo. Siempre bromeo diciendo que tenía solo una razón para sentirme insatisfecha con mi infancia: sentía que mi madre quería a mi hermana más que a mí. Pero también sentía que mi padre me quería más, ¡así que estábamos empatadas!

Mi madre se sacrificó mucho por nosotras. Se aseguró de que tuviéramos la mejor educación y un buen ambiente cultural. Nos cuidó y alimentó, y jamás nos hizo el menor daño. Mi mayor experiencia de amor, hasta que conocí a Krishnaji, fue la que ella me dio.

Tras casarme con él, mi entendimiento y experiencia de conexión se expandieron. Krishnaji no solo atiende mis necesidades, sino que se conecta con mi ser interior. Es decir, me cuida como lo hacía mi madre —es cariñoso y me apoya— pero también experimento otra cosa: le importa cómo *me siento*.

Nunca se aleja de mí cuando estoy triste o estresada. Se preocupa por mi infelicidad y me ayuda a superarla. Cuando estoy alegre, comparte esa alegría. La celebra como si fuera suya. Una cosa es que te quieran cuando estás contenta, y otra es sentirte aceptada y no juzgada incluso cuando estás de mal humor. A veces Krishnaji se enfada conmigo unos momentos, pero enseguida se conecta con mi sentir. Este es uno de los regalos más preciosos que me hace.

Llevamos veintidós años casados, y en todo este tiempo siempre ha sido el mismo. Cuando estoy a su lado, me inspira una sensación de calma y ligereza, porque no espera que esté de una manera determinada; no tiene expectativas de cómo debería ser cuando estoy con él. Y esta sensación de sosiego y conexión vuelve espontáneamente de mi ser a Krishnaji y a nuestra hija.

Me atrevería a decir que esta conexión amorosa y esta sensibilidad fluyen por toda la estructura de la academia, que es nuestra atmósfera natural. Aquí, la mayoría de los estudiantes sienten lo que significa verdaderamente la familia. Nos dicen que se sienten como en casa; de hecho, el cuidado que los maestros dedican a su estado interior ha hecho que muchos abrieran su corazón a la posibilidad de vivir una vida llena de belleza.

Este estado de conexión que compartimos y que está libre de toda expectativa es el elixir de la vida, el poder silencioso que nos ayuda a afrontar y superar los desafíos más apremiantes. Este bello estado de conexión está al alcance de todos cuando hacemos las paces con nosotros mismos, con nuestro pasado y con nuestro presente.

¿Qué hay que hacer para alcanzarlo?

Podemos y debemos liberarnos del dominio de la obsesión con nosotros mismos y vivir en un estado de belleza. Para que una relación íntima progrese es fundamental compartir este compromiso con la evolución mutua. Solo podemos aceptar realmente a los demás y sentir que nos aceptan cuando nos aceptamos por completo a nosotros mismos. Solo al liberarnos de la vergüenza por nuestro pasado podemos sentirnos cómodos con otros.

Solo cuando estamos en paz con nuestro presente podemos sentir el respeto que los demás sienten por nosotros. Solo cuando nos sentimos completos podemos estar totalmente presentes con los demás y responder con espontaneidad y amor. Solo desde ese estado podemos guiar a nuestros hijos hacia una vida hermosa.

Desentraña tu cuento de hadas

Quizá conozcas el cuento de los hermanos Grimm *El príncipe sapo*. Disney lo adaptó para hacer una película de animación con Oprah Winfrey, y Anne Sexton lo llevó al campo de la poesía. El mitólogo Joseph Campbell ponderó su rico simbolismo.

Una princesa solitaria pierde su pelota dorada cuando corría alocadamente por el bosque y un sapo parlante acepta encontrarla a cambio de su compañía. A la princesa no le atrae su viscoso amigo; al menos, hasta que se transforma en príncipe.

Es como si en nuestro mundo nos enamoráramos de príncipes con mucha frecuencia, para luego contemplar horrorizados cómo se transforman en criaturas irritantes y groseras que dejan huellas de barro en el suelo y parece que no entienden ni una palabra de lo que les decimos.

Como muchos sabemos, los primeros días de una relación pueden ser muy emocionantes. Sin embargo, tarde o temprano se impone la realidad y vemos a nuestra pareja como *de verdad* es. Lo mismo que un niño que está haciendo un muñeco de plastilina, en cuanto el juego deja de ser divertido, destruimos la relación y empezamos a buscar otra vez: estamos seguros de que en la próxima ocasión encontraremos a la pareja adecuada.

¿Qué sucede? ¿Por qué alguien de quien una vez estuvimos locamente enamorados de repente nos parece insensible, molesto o aburrido? ¿Por qué esta relación, que muy a menudo comienza con la promesa de un gran amor, se convierte en frustración? ¿Cómo es que nuestros sueños de amor se convierten en una pesadilla de la que queremos despertar urgentemente?

La razón por la que fallan nuestras relaciones es obvia. Nos decimos a nosotros mismos: «Está claro que es por ellos, no por mí». Si el otro fuera un poco más cariñoso, un poco más responsable, un poco más romántico, la relación habría seguido adelante.

¿No es así como pensamos normalmente?

Ha llegado el momento de desentrañar el cuento de hadas de nuestras propias vidas. Dejemos atrás nuestros viejos patrones de pensamiento y veamos la verdad más profunda.

Déjanos contarte el caso de una de las estudiantes de la academia que había estado planteándose terminar la relación con su novio.

Moon estaba frenética porque se aproximaba una semana particularmente agitada. Tenía que dar muchas clases de yoga y además le quedaba bastante trabajo personal por hacer. Cuando pensaba en la semana que se avecinaba, no veía un momento de respiro. La irritación y la inquietud se adueñaron de ella y empezó a pisar el acelerador en una carretera casi vacía. Sus reflejos no fueron lo suficientemente rápidos para darse cuenta de que se le acercaba un vehículo a toda velocidad. Se desvió para evitar la colisión y chocó contra el bordillo.

Afortunadamente, el *airbag* se abrió, y eso impidió que se lesionara. Gracias a los años de yoga, su cuerpo no sufrió una conmoción excesiva.

En cambio, el coche quedó en muy mal estado. Aturdida, Moon se dirigió a un puesto de policía cercano para informar del incidente. No quería proporcionarle a la policía la información de contacto de sus padres para evitarse escuchar otro sermón sobre la conducción segura.

De pronto, mientras intentaba recordar el nombre de algún conocido que pudiera darles, escuchó una voz familiar. Aliviada e incrédula a la vez, se dio la vuelta y vio a su novio detrás de ella. Este le contó que iba a visitar a un cliente cuando vio su coche destrozado en la carretera.

Tras preguntarle si estaba herida, empezó a echarle en cara su descuido, su distracción y un montón de «faltas» más. Siguió enojado con ella mientras ayudaba con el trámite policial y se encargaba de las gestiones.

Moon rompió a llorar de rabia e impotencia, herida por su insensibilidad y sus críticas constantes. Se quedó sentada en la silla del puesto de policía pensando: «¿De qué sirve querer a alguien si es incapaz de comprender mis sentimientos cuando lo necesito? ¿Cómo voy a poder vivir con un hombre así? Este no es el hombre de mis sueños».

Empezaba a creer que no estaba dispuesta a vivir con un hombre que, en su opinión, ni siquiera sabía lo que significaba querer. Mientras estaba sentada en un rincón tragándose las lágrimas y planteándose terminar con la relación, algo cambió de repente. Recordó la idea que la había dejado perpleja en el curso de la academia al que asistió un par de meses antes.

Es la obsesión contigo mismo lo que alimenta tu estado de sufrimiento.

Era como si hubiera localizado la vía de agua por la que se estaba anegando su barco. En lugar de culpar a su novio, empezó a observar *su* propio pensamiento obsesivo. Ahora estaba descubriendo el poder del segundo secreto sagrado de la verdad interior.

Moon criticaba la forma en que su novio la ayudaba. Era insensible a todo el apoyo que él le estaba prestando; solo le importaban sus expectativas. En su estado de sufrimiento, había llegado a plantearse terminar su relación con el hombre que trataba de echarle una mano. Se sorprendió al darse cuenta de cómo pensaba, de lo estúpida que había sido al dejarse llevar por su enojo y decepción. En cuanto a la conexión, en ese momento era nula.

Cuando cerró los ojos y se conectó con su novio, pudo sentir lo que él sentía. Se encontraba tan estresado como ella por la situación. Le preocupaba lo que podría haberle pasado. Moon se dio cuenta de que su ansiedad no era diferente. Solo difería la forma de expresarla. Al conectar con cómo se sentía su novio, pudo trascender espontáneamente su forma de expresar las emociones y llegar a ese afán de protegerla que sentía. Pudo sentirlo. Fue una experiencia de unidad.

Al abrir los ojos lo vio estrechando la mano del agente de policía. Con los ojos llenos de lágrimas, clavó su mirada en la de él, que se acercaba sonriendo. Moon sabía que, ahora que la verdad interior le había permitido abrirse a la conexión, su vida sería cada día más bella.

Por favor, haz una pausa aquí. Relájate y respira profunda y lentamente. Retrocede en el tiempo a un momento de conexión que hayas experimentado en tu vida, cuando sentiste el estado interior de otro o crees que el otro te sintió a ti.

Esta experiencia de conexión puede haber surgido en una relación íntima o en otra diferente. Sumérgete en esa experiencia unos momentos. Si no puedes recordarla, no te preocupes. Los recuerdos llegarán con el tiempo. Porque todos hemos experimentado estos momentos de conexión, ya sea con un ser querido, con un desconocido, con una mascota o en medio de la naturaleza.

A menudo nos preguntan por qué se desvanece la atracción inicial en una relación. Tal vez, como a la naturaleza solo le interesa la perpetuación de nuestra especie, nuestra química neural está diseñada de tal manera que la atracción y la fascinación solo pueden resistir hasta cierto punto; más allá de eso, nuestra capacidad de evolucionar internamente ha de tomar el control.

Las relaciones no se rompen porque se acabe la atracción sino porque nos hemos acostumbrado a una conciencia en la que cada uno está obsesionado consigo mismo y por lo tanto pasa fácilmente a la desconexión. Llevar una relación más allá de la atracción a un amor y una conexión duraderos solo es posible a través de una transformación en nuestra conciencia que la haga avanzar de la separación a la conexión. Cuando podamos liberarnos de nuestra habitual preocupación por nosotros mismos, despertaremos al poder de una conciencia «centrada en el otro». El otro ya no es un extraño para nosotros, porque empezamos a sentir lo que está sintiendo y surge una respuesta espontánea, que es el amor.

¿Qué buscamos?

En nuestras relaciones más importantes, ¿qué es lo que buscamos?

¿Comodidad? ¿Aceptación? ¿Diversión? Hay muchas maneras de responder a esta pregunta, pero a un nivel muy básico, lo que anhela nuestro cerebro, nuestro corazón y nuestro cuerpo es el bello estado de conexión. La conexión es el elixir con el que sobrevive nuestro cerebro. Sin los hermosos estados de amor y conexión que nutren nuestra alma, viviríamos una vida de desolación.

Sin amor, somos como vagabundos en el desierto persiguiendo el espejismo de una vida bella. Si no despertamos al estado hermoso de conexión, no podemos experimentar el amor duradero. Sí, al principio puede parecer que nuestra nueva pareja es justo lo que buscábamos: sin duda es quien nos cuidará, quien verá lo especiales que somos, quien hará que la vida vuelva a ser bonita.

Pero nuestro entusiasmo inicial por un nuevo romance a menudo puede enmascarar señales de advertencia de que estamos incorporando viejos estados de sufrimiento a una nueva relación. Tan pronto como el polvo de hadas de la fase de luna de miel desaparezca, será solo cuestión de tiempo que un descuido, en forma de palabra o acto, de nuestra nueva pareja desgarre las suturas que esperábamos que evitaran que saliera todo ese sufrimiento. Y enseguida el dolor se vuelve abrumador y el ciclo de la angustia comienza de nuevo.

Para empeorar las cosas, cada vez que sufrimos un desengaño, perdemos nuestra capacidad de confiar y abrirnos. Comenzamos a cuestionarnos nuestras elecciones y a nosotros mismos. Podemos ocultarnos bajo una máscara de autosuficiencia e independencia, pero tras una fachada de valentía encontrarás a un ser que fue herido tan profundamente que no quiere arriesgarse a abrirse de nuevo a ese dolor.

Por supuesto, solo somos seres humanos haciendo todo lo posible por sobrellevar unas relaciones complicadas. No se trata de culparnos por nuestro dolor o nuestra desilusión.

Pero si llevamos el estado de angustia de una relación a otra, surgirán problemas extraños e imprevistos. Si no nos liberamos del dolor de nuestras relaciones pasadas, corremos el riesgo de repetir los mismos patrones y crear más drama y dificultades. Hay acciones o circunstancias que nos traen recuerdos dolorosos y nos hacen entrar en un bucle muy peligroso y destructivo.

Los dos cimientos

Un atareado director general de una multinacional nos preguntó una vez: «¿Cómo puedo gestionar la distancia que se interpone entre mi pareja y yo debido a mis frecuentes viajes?».

¿Puedes acortar la distancia que crece entre dos personas con solo reprogramar tu calendario o el tiempo de tus vacaciones? ¿O es necesaria una medida más profunda?

¿Alguna vez te has preguntado cuál es el verdadero motivo de cada una de tus relaciones de pareja? Cuando descubras la visión espiritual de tu unión, conocerás las respuestas a la mayoría de las preguntas que surgen en una relación. Sabrás exactamente cuánto tiempo debéis estar separados o juntos. Sabrás qué podéis hacer juntos con vuestras vidas. Juntos encontraréis la sabiduría para disolver los desafíos que puedan surgir y construir una relación duradera.

Por favor, haz una pausa aquí. Piensa en una relación actual o pasada. Podría ser una relación con tu cónyuge o pareja, con un hijo o uno de tus padres, o con un amigo o un compañero de trabajo, cualquier relación que te importe de verdad.

Pregúntate a ti mismo: «¿Por qué me uní a esta persona? ¿Cuál es la base de nuestra relación? ¿Sobre qué base se asienta? ¿Nuestra relación se basa en algo tan superficial y fugaz como la belleza, el placer, la riqueza, el estatus o el humor, o hay algo más profundo en ella? ¿Estoy en esta relación porque temo la soledad y anhelo desesperadamente seguridad o aceptación, o está basada en un rico sentido de conexión?».

No te juzgues. Simplemente observa los cimientos sobre los que se asienta esta relación.

Si nuestra relación se basa únicamente en factores externos, podemos estar seguros de que es frágil; colapsará con el menor temblor. Nuestro corazón vacilará ante cada desafío, y empezaremos a dudar de nuestra elección de pareja. Al no vivir en ese estado completo de conexión que nutre el alma, sentimos como si estuviéramos desperdiciando nuestra belleza, juventud, riqueza o tiempo con nuestra pareja.

Incluso quienes nunca han perseguido los bienes materiales pueden haber experimentado este estado interior de pobreza en una relación. Pero en una relación así no hay tranquilidad ni profundidad de sentimientos. Estás juzgando al otro continuamente y te sientes juzgado todo el tiempo. En cuanto cambia la situación la pasión muere rápidamente. O tu afecto se traslada enseguida a la siguiente pareja, que puede responder mejor a lo que estás buscando. La mayoría de las personas que tienen este tipo de relaciones se pasan la vida tanteando el terreno.

¿Estamos diciendo que no deberíamos disfrutar de nuestra riqueza y belleza? ¿Que no deberíamos experimentar el placer? No. Pero si eso se convierte en la base de una relación, si la relación no evoluciona hacia algo más grande, estamos destinados a la infelicidad.

A veces comenzamos una nueva relación principalmente porque nos aferramos al dolor de una relación anterior o porque nos sentimos solos y aburridos. La novedad de la relación puede mantener a raya la soledad y el dolor momentáneamente, pero es solo cuestión de tiempo antes de que el mismo estado de ánimo salga a la superficie en esta nueva relación. Porque no puedes comenzar una relación para terminar con tu infelicidad; solo puedes comenzarla para compartir la plenitud de tu ser.

Por favor, haz una pausa aquí. Piensa en alguien a quien amas en tu vida, alguien que te importa. Respira profundamente mientras mantienes la imagen de esta persona en tu corazón. Cierra los ojos en silencio durante unos segundos; permítete sentir lo que surja, ya sean los bellos estados de conexión, entusiasmo, paz y alegría, o los estados estresantes de soledad, dolor, aburrimiento e indiferencia. Sonríe tranquilamente mientras reconoces tu estado interior.

Al principio del libro compartimos el primer secreto sagrado: la visión espiritual. Este secreto no solo tiene utilidad a nivel individual, sino que las relaciones también mejoran cuando se construyen sobre una base tan sólida.

Una relación solo sobrevive a las decepciones y los problemas, y es capaz de salir adelante cuando la pareja comparte una visión de su estado interior. La sabiduría de una visión espiritual ha salvado numerosos matrimonios y amistades, ha sanado los corazones de padres e hijos y ha creado una genuina atmósfera de cooperación en muchas organizaciones. Si nuestras relaciones no están fundadas en una visión espiritual, se verán amenazadas por dos sombras que nos acechan en la oscuridad, creando separación y división: la del dolor y la del enranciamiento.

Salgamos ahora de la trampa de estas dos sombras a la luz de la visión espiritual. Sigue con nosotros en este viaje en busca de la verdad, la libertad y la conexión.

La sombra del dolor

Una antigua fábula india revela la larga sombra que el dolor proyecta sobre nuestras vidas.

Había una vez cuatro amigos que caminaban por el bosque. Eran expertos en diversas artes y ciencias. Por el camino se encontraron con un montón de huesos.

El primer hombre les dijo a los demás:

—Mirad, con el poder que me confieren mis conocimientos, puedo juntar los huesos y convertirlos en un esqueleto.

El segundo dijo:

—Por favor, detente. No sabemos lo que saldrá de ahí.

Pero el otro no escuchó. Y reconstruyó el esqueleto de un animal enorme.

El tercer hombre dijo:

—Mirad, con el poder que me confieren mis conocimientos, puedo hacer que a los huesos les crezca carne.

Una vez más el segundo hombre dijo:

—Por favor, detente. No sabemos lo que saldrá de ahí.

Pero el tercero no escuchó. Y en unos segundos tuvieron el cadáver de un león gigantesco.

Ahora le llegó el turno al cuarto hombre, que dijo:

—Mirad, con el poder que me confieren mis conocimientos, puedo insuflar vida al cadáver.

El segundo hombre trató de advertirle, pero volvieron a ignorar sus palabras.

Así que se subió a la copa de un árbol alto para salvarse. Tan pronto como el cuarto hombre insufló vida al cadáver, la bestia entró en acción y en un abrir y cerrar de ojos mató a los tres tontos eruditos.

Así es como las heridas se acumulan en estados internos de separación cada vez más destructivos. No nos detenemos para curarnos cada vez que nos sentimos heridos, y así llega un momento en que nuestro estado interior perturbado nos devora y devora nuestras relaciones.

¿Cuántas veces has estado disfrutando de una noche con un ser querido y se ha apoderado de ti un terrible estado de ánimo que parece haber surgido de la nada? O tal vez sabías *exactamente* por qué estabas disgustado: tu pareja volvió a hacerte eso que sabe que te pone de los nervios:

- *Volvió a dar demasiada propina...*
- *Se quedó en el trabajo hasta muy tarde...*
- *Le dejó a tu hija jugar a ese horrible videojuego...*
- *Se puso a mirar las redes sociales mientras estábais en la cama...*

Independientemente de lo que haya desencadenado tu agitación, si te sientes incapaz de conectar con tu pareja, hay algo más profundo por medio: *la autoobsesión interfiere en la conexión.*

Una pelea con un ser querido puede haber comenzado con un pequeño desacuerdo o malentendido. Pero, a menos que prestemos atención a nuestros estados internos, las pequeñas heridas pueden infectarse hasta convertirse en dolorosas obsesiones emocionales que nos impiden conectar con el otro.

Las tres etapas de la desconexión

Piensa que la desconexión se asemeja a las raíces de una planta invasora. Lo que el ojo ve es una pequeña flor inocente o unas cuantas hojas, pero sus raíces son tan fuertes y nudosas que pueden sofocar toda la vida de tu jardín.

Primera etapa: dolor

La mayoría de las heridas comienzan por algo insignificante: tu pareja hace un comentario desafortunado. Sientes que no respeta tu opinión o que no reconoce tus esfuerzos. Pero, si no nos detenemos y le prestamos atención, el dolor se transforma y pasamos a la siguiente etapa.

Cuando adoptas la actitud de quejarte —«Ella siempre es muy desconsiderada» o «Él es muy sarcástico»—, ten por seguro que has comenzado tu viaje por el sendero del dolor.

La mayoría comprendemos este tipo de dolor a un nivel básico; sin embargo, pocos hemos aprendido a liberarnos de él. Por eso no sabemos qué hacer cuando sentimos dolor. O nos recreamos en ese estado de sufrimiento o lo ignoramos. Pero de nada sirve esconder esa angustia.

Si no nos detenemos a observarla, convertiremos el montón de huesos en un esqueleto.

Segunda etapa: juicio

Si no te detienes a sanar el estado de dolor, este pasa a la siguiente etapa de la desconexión: el juicio.

Ahora empiezas a llegar a conclusiones sobre tu ser querido. Lo juzgas con una mirada crítica:

- *Mi pareja siempre está enfadada. No tiene verdaderos valores.*
- *Mi pareja es tonta, incompetente, incapaz de comprometerse. Es como un conejillo asustado y no cambiará nunca.*

Has reducido el individuo multifacético que tienes delante a una simple etiqueta. En esta etapa a menudo nos centramos en nuestras diferencias; especialmente, en nuestros diferentes marcos de referencia relacionados con el amor. Por ejemplo, podríamos pensar que somos mucho más románticos o atractivos que nuestra pareja. Que nuestra familia es mucho más educada o generosa. Que aportamos mucho más a la relación. Y así sucesivamente. En nuestro interior buscamos demostrarnos a nosotros mismos que somos diferentes y superiores al otro.

Estando atrapados interiormente en la comparación, ¿cómo podemos conectarnos?

Cuando nos volvemos críticos, el deterioro avanza un paso más. Cuando juzgamos a nuestra pareja, dejamos de escucharla. El respeto desaparece de la relación. Lo que antes considerabas gracioso o encantador —sus bufonadas, sus canciones tontas, esos apodos cariñosos que emplea contigo— ahora es una fuente de irritación. El estado interior de juicio a veces puede incluso manifestarse en forma de expresiones, palabras y decisiones crueles que desgarran el respeto y la confianza del otro. Ambos termináis sintiéndoos más desconsolados, decepcionados y solos.

La sombra del dolor se ha vuelto más densa y poderosa. Luego has añadido carne y piel al esqueleto.

Tercera etapa: aversión

Lo que comenzó como dolor puede crear fácilmente una atmósfera de crítica. Es el caldo de cultivo perfecto para la tercera etapa de desconexión: la aversión.

En esta etapa la mera presencia de tu pareja es irritante y dolorosa. No puedes soportar sus actitudes, comportamientos o acciones.

La química de tu cerebro está tan alterada en este estado que solo puedes ver a tu pareja bajo una luz negativa, y esta negatividad aparece magnificada. Ya no ves nada bueno. Tu visión del otro está absolutamente distorsionada. Es un estado de pérdida total de respeto por tu pareja.

En esta etapa, te hace daño pensar que formas parte de su vida. Tus decisiones y acciones ya no solo son desconsideradas, sino que tienen la intención de causar dolor.

¿Qué se puede hacer llegados a este punto?

Si eres como la mayoría de la gente, tu reacción será algo parecida a esta: «Me ha hecho daño. Qué decepcionado estoy. Me siento despreciable. Estoy muy solo. Me voy a dar un capricho: ¡un café, un martini doble o una galleta con chispas de chocolate!».

Estos escapes alimentados con dopamina pueden hacerte sentir mejor temporalmente, pero la amargura volverá. Cuando no haces frente a tus decepciones y tus anhelos, tu enojo y tu ansiedad, tampoco puedes experimentar la alegría, la gratitud o la conexión. Porque estás tan ocupado luchando contra tu estado de angustia que te falta energía para dejar entrar el hermoso estado de amor. Has infundido vida al cadáver.

Llegados a esta fase, el doloroso estado de soledad permanece aunque nos vayamos de vacaciones al sitio más romántico del mundo. La sombra del dolor ha oscurecido nuestros sentimientos de amor. Así que seguimos en la misma relación o buscamos una nueva pareja. A menudo perdemos toda la esperanza y la confianza en que sea posible vivir un amor perdurable, y nos conformamos con coquetear o mantener relaciones superficiales. Pero continuamente sentimos un doloroso vacío interior; de manera inconsciente anhelamos la autenticidad.

En nuestra experiencia, conocer las etapas de la desconexión puede ayudarte a ser consciente de tu estado interior antes de que te desvíes excesivamente por el camino de la aversión. Recuerda que en cualquier momento tienes el poder de elegir la conexión.

Uno de los secretos más importantes para vivir una vida de conexión es tener la inteligencia y la capacidad de desprenderse del estado de dolor. Las decepciones aparecen incluso en las mejores relaciones. Sean cuales sean los motivos, aliviar el dolor es esencial para vivir una vida plena de conexión y amor duradero.

En la India rural, los aldeanos tienen un método inteligente pero sencillo para atrapar a los monos corpulentos y traviesos que roban en las casas. Dejan unos postres aromáticos y jugosos en un pequeño hueco de árbol. El mono, excitado, introduce la mano por el agujero; pero la abertura es demasiado pequeña para que pueda retirar su puño cerrado con el postre. Sin embargo, se ha vuelto demasiado apegado al postre como para dejarlo ir, y los cazadores de monos se abalanzan sobre él y lo trasladan a la selva, lejos de la civilización.

Lo mismo es aferrarse al dolor y a la decepción. No importa lo justificados que nos sintamos al aferrarnos a nuestros estados de sufrimiento, debemos preguntarnos: «¿Qué es más importante, aferrarse a las heridas o nutrir las relaciones?».

La sombra del enranciamiento

Quisiera contarte la historia de una pareja que venía a O&O Academy desde el este. La administración de la academia esperaba recibirlos, pero no llegaban nunca. Finalmente, uno de los miembros de la facultad recibió una llamada en la que le decían que todavía estaban en el taxi que los trasladaba del aeropuerto al campus. Y allí estaban teniendo la peor discusión de su vida.

Se gritaban. El uno furioso, la otra llorando. Y decidieron volver a casa. El maestro los escuchó tranquilamente y les sugirió que, puesto que habían salido de casa con la intención de encontrar el amor, le dieran una última oportunidad. Y así continuaron su viaje y llegaron al campus.

La realidad de la situación era que Doris anhelaba todo el tiempo el amor de Clark y se sentía completamente desatendida; esto la hacía sufrir enormemente. Clark, por otro lado, tenía sus propias dudas sobre la relación. En los últimos meses, su pensamiento obsesivo y recurrente había sido que quizá no era el hombre adecuado para Doris –quizá no era lo suficientemente hombre–, de ahí su insatisfacción.

Clark estaba pasando por un mal momento en los negocios. El estrés de las pérdidas constantes lo había llevado a engordar, y se estaba quedando calvo a un ritmo acelerado. Se sentía inferior en todo: en su cuerpo, en su trayectoria profesional, en su incapacidad de amar.

Para cuando Clark y Doris llegaron al cuarto día del proceso, se habían calmado lo suficiente para poder observar su verdad interior. Clark se dio cuenta de que su verdadero problema no era Doris. Vio claramente que su lucha era contra sí mismo. Perdido en la preocupación por sus propios problemas, estaba ausente de Doris. Comprendió que se estaba ahogando en un estado de desesperación e inferioridad, y era ese estado el que había creado un abismo entre ellos.

Durante la meditación del campo ilimitado con Krishnaji y conmigo, despertó al estado de plenitud. Sintió el poder de la inteligencia universal fluir a través de su conciencia. Y a medida que vivía esa experiencia mística, supo sin duda alguna que la vida se llenaría de belleza y que cambiaría su suerte. En ese espacio de inmensidad, su lucha consigo mismo dejó de inmovilizarlo. Se despertó y vio realmente la belleza de Doris. Era como si la mirara después de mucho tiempo. Doris, por otro lado, se dio cuenta en el proceso de que ella era un ser humano desconectado, que en realidad no sabía cómo amar. Desde su adolescencia, había equiparado el amor con una necesidad de amor. En el proceso, no se resistió a la verdad de su obsesión consigo misma. Un profundo sentido de humildad se desplegó en su conciencia y se perdonó de todo corazón por el dolor que había infligido a Clark y a ella misma.

Tras su proceso, Clark y Doris encontraron el uno en el otro una pareja sentimental y un verdadero amigo. Su relación continúa desarrollándose con un gran aprecio mutuo.

Puede que no nos atormente la misma sombra de dolor que experimentaron Clark y Doris, pero aun así nuestras relaciones nos parecen dolorosamente vacías cuando no vivimos en un bello estado de conexión. ¿Por qué no encontramos la satisfacción que buscamos?

A veces el problema ni siquiera surge entre la pareja. Es la vida misma y los desafíos que plantea. Incapaces de soportar estos desafíos, sucumbimos a un estado de preocupación, enojo o ansiedad. Enredados en estos estados de aflicción, nos vemos atrapados tratando furiosamente de resolver problemas, que en su mayor parte no existen, son imaginarios o exagerados. Nos ofendemos rápidamente, y nos ponemos a la defensiva. Nos volvemos incapaces de lidiar con las situaciones de una manera que cree felicidad y bienestar para todos.

Nuestro estado interno nos cansa y nos fatiga. Dejamos de sentir. Nuestra mente pierde la frescura y envejece. Verse el uno al otro ya no nos emociona ni nos alegra. Se ha convertido en una relación rancia, que quizá nos ofrezca una sensación de seguridad y comodidad, pero sin riqueza interior. Nos aferramos posesivamente a los demás, no porque nos guste vivir juntos, sino porque tememos vivir solos.

Esto me recuerda una antigua fábula china. Parece que en ese país vivía un hombre que desconfiaba de su propia sombra y vivía con miedo del sonido de sus propios pasos.

Un día, mientras caminaba, las nubes se abrieron y el sol proyectó una larga sombra. Se aterrorizó y, tratando de escapar de su sombra, salió corriendo. Por más rápido que corriera, no podía escapar de su sombra y sus pasos. Siguió corriendo hasta que se desplomó por el cansancio y murió.

Si este hombre se hubiera detenido y se hubiera sentado a la sombra de un árbol, sus pasos habrían cesado y su sombra habría desaparecido. Cuando vemos la segunda sombra —la sombra del enranciamiento— que se cierne sobre nosotros, tratamos de huir de ella yendo al gimnasio, buscando entretenimiento o convirtiéndonos en adictos al trabajo, al alcohol, a las compras o incluso a la conversación, es decir, a hablar sin parar, para poder escapar de la desilusión con la vida.

A veces, para escapar de este desconcertante vacío interior, nos sumergimos en relaciones que nos dan niveles instantáneos de dopamina. Si pudiéramos hacer una pausa y observar lo que es esta sombra sin huir de ella, nos dirigiríamos hacia la luz y evolucionaríamos hacia el hermoso estado de conexión.

Por favor, haz una pausa. Déjame hacerte una pregunta. Reflexiona profundamente. Si tu vida fuera una película, ¿cuál sería el enfoque central de la película de tu vida en este momento? ¿Es sobre ti? ¿Ves que el propósito de cada personaje de la película debería ser realzarte? ¿O te ves a ti mismo jugando un papel que mejora las vidas de todos los demás personajes y aporta riqueza a la película de la vida?

El laberinto de la autoobsesión

Cuando la preocupación por nosotros mismos es nuestra forma habitual de ser, nuestras mentes tienen una tendencia a vagar hacia el pasado o el futuro. Podemos perdernos en el recuerdo de lo que pasó hace media hora, un año o una década. También podemos perder el rumbo en los caminos imaginarios de las posibles desgracias futuras.

En la antigua mitología cretense, se hablaba de esclavos lanzados a un laberinto del que nadie podía escapar. En las profundidades de ese laberinto, habitaba un monstruo gigantesco al que llamaban el Minotauro, que tenía la cabeza de un toro y el cuerpo de un hombre. El Minotauro terminaba devorándolos.

Cuando vivimos habitualmente en el pasado o en el futuro, bajamos por este laberinto interminable donde nuestros propios estados de ansiedad o arrepentimiento nos consumen.

Nos convertimos en personas amargadas que no pueden estar presentes con los demás por andar perdidas en los recuerdos de lo que fue o debía ser una relación. Para escapar de cualquier desilusión que surja, buscamos desesperadamente la estimulación y el placer. Pero una mente que busca el placer es una mente que se aburre fácilmente, y que siempre está buscando más experiencias y novedades.

Los estados de dolor y enranciamiento son autoobsesivos. En cada uno de estos estados lo único que te preocupa eres tú mismo. Son estados de desconexión en los que, en realidad, el otro no existe para ti.

Somos conscientes de que la lectura de este periplo vital puede haber desenterrado algunas verdades incómodas acerca de las relaciones más importantes de tu vida. Muchos de los que se han embarcado en este viaje se sorprenden al descubrir que sus parejas se han construido sobre un terreno inestable. Otros temen que, aunque alguna vez se conectaron profundamente con su pareja, se han alejado demasiado para volver a enderezar las cosas.

Nos preguntan: «Si nuestras relaciones se han construido sobre una base superficial, ¿se pueden salvar? ¿Podemos encontrar una manera de conectarnos más profundamente? Y si ya tenemos una profunda conexión espiritual con nuestra pareja, ¿cómo podemos mantener viva la llama?».

La luz de la visión espiritual

¿Cómo nos liberamos de este doloroso invierno interior?

No basta con sobrellevar el sufrimiento. Ni con aguantar el aburrimiento que sentimos en nuestra relación. No basta con distraernos del dolor y la inseguridad.

¿Cómo encontramos la conexión y despertamos de estas dos pesadillas que se perpetúan a sí mismas? La respuesta es: con el apoyo de una visión espiritual para nuestra relación.

Volvamos al primer secreto sagrado unos instantes. Una visión espiritual puede tener un papel poderoso en la formación de conexiones. Hay quien tiene visiones espirituales para sus negocios, sus carreras y su salud. Recuerda que definimos el término *visión espiritual* como una visión de nuestro estado interior que impregna todo lo que hacemos y creamos.

Una pregunta para hacerte pensar: ¿quieres ser simplemente un compañero, amigo o líder, o un compañero, amigo o líder *alegre y satisfecho*? Se trata de una pregunta seria y muy importante, ya que, si careces de esta visión espiritual, llevarás tu estrés a todo lo que hagas. Ni siquiera las mejores relaciones ni los más elevados logros te brindarán la dicha.

Porque, una vez más, solo podemos vivir en uno de estos dos estados de ánimo: el de estrés o el de belleza. Recuerda que si no estás en un estado de belleza, tu estado por defecto será el estrés.

La decisión más importante que puedes tomar acerca de tu relación no es dónde vais a celebrar vuestro primer, o vigésimo quinto, aniversario, ni a quiénes invitaréis, ni siquiera lo que vais a hacer ese día. La cuestión más importante es: ¿en qué estado os relacionaréis el uno con el otro ese día y los demás días anteriores y posteriores a esa fecha?

¿Os conformáis con vivir en estados de desconexión, o es fundamental para vosotros vivir en un bello estado de amor, deleite, compasión y gratitud? ¿Tenéis una visión del amor que queréis sentir por vuestra pareja? ¿O de la alegría que queréis llevar a su vida cada día de vuestra unión? ¿Para vosotros tiene tanta importancia el adjetivo como el sustantivo? ¿Podéis esforzaros no solo por ser la pareja de alguien, sino por ser una pareja amorosa, conectada, alegre?

La visión espiritual consiste en vivir en un estado de belleza y conectar con los sentimientos de quienes te importan.

Una visión espiritual comienza sencillamente por preguntarnos a nosotros mismos:

- *¿En qué estado quiero vivir?*
- *¿En qué estado quiero que viva mi ser querido?*
- *¿Cómo puedo influir en el estado interior de mi amado para que ese estado sea más hermoso?*

Cuanto más nos hagamos estas preguntas, con valentía y honestidad, más difícil será justificar la permanencia en estados de sufrimiento de dolor, juicio o aversión, ya sea durante una hora, un día, un año o una década. Vivir en desconexión se vuelve inaceptable. Si esto te parece imposible, te prometo que no lo es. Cuando nos comprometemos a vivir en un bello estado de conexión, el enranciamiento y la separación desaparecen, y la vida recupera su frescura.

Pero a menudo esto nos exige reconsiderar nuestras ideas sobre el amor y la conexión. La forma en que la sociedad moderna entiende la conexión parte de una premisa fundamentalmente errónea. Se trata de un malentendido alimentado por la cultura. Como consecuencia, muchos sufrimos por algo que, en realidad, ni siquiera hemos experimentado.

El estado hermoso de conexión no consiste en cumplir obsesivamente con las expectativas de otro, ni en cultivar la virtud de poner automáticamente las necesidades del otro por encima de las propias. Tampoco consiste en dar con objeto de recibir. La conexión no es ni un sacrificio ni una estrategia; es un estado interior.

Una relación basada en la conexión no implica una relación sin desacuerdos. Esto no significa que tú o tu pareja nunca más os vayáis a sentir disgustados, asustados, solos o enojados.

Significa que superaréis los estados de separación cuando surjan y en vuestro interior emergerá un estado de conexión.

En un bello estado de conexión, sentimos alegría al relacionarnos, y vivir es una experiencia gozosa. Cuando traemos esta clase de amor a nuestras vidas, desaparece la sensación de separación. Somos personas diferentes, sí, pero profundamente conectadas. El dolor del otro nos afecta. Su alegría nos deleita. Nos damos vida el uno al otro con nuestra alegría y nuestra presencia total.

Permítenos también recordarte que el amor y la conexión no se encuentran solo entre parejas románticas. Es un estado de belleza que puedes experimentar con un amigo, un hijo, un nieto, un cliente o incluso un desconocido.

Sunil nos visitó para tener una sesión de tutoría personal con Krishnaji. «Soy muy cariñoso —nos dijo poco después de llegar—. Un hijo muy cariñoso. Incluso vivo junto a la casa de mis padres».

Pero al profundizar, entendió que si bien sus actos eran responsables y cordiales, su estado interno era de desconexión. No soportaba escuchar a su padre más de diez minutos: le alteraba los nervios.

Cuando Sunil era solo un adolescente tomó la decisión de dejar la escuela e irse a trabajar a Bombay. Su padre se sorprendió mucho y lo presionó para que siguiera estudiando; sin embargo, terminó por ceder, siempre y cuando Sunil enviara a casa cada mes el cincuenta por ciento de su salario.

La experiencia de Sunil en Bombay fue dolorosa. Fue tratado duramente; no era una atmósfera con la que se sintiera cómodo en absoluto. Llamó a su padre casi inmediatamente para decirle: «Quiero volver a casa», pero este insistió en que se quedara. Durante los siguientes seis meses Sunil llamaba cada día, rogándole que lo dejara volver a casa. Al final, vencido por la amargura de que su padre se negara a ayudarlo, dejó de pedírselo y siguió enviando el dinero a casa.

Cuando Sunil cumplió veintiún años, su padre le entregó un regalo.

—Durante todos estos años, he ido invirtiendo el dinero que enviaste a casa —le explicó.

Sunil tomó el cheque y lo arrojó sobre la mesa.

—No lo necesito —dijo—. Puedo ganar diez veces más.

Nunca superó el dolor de sentir que sus padres lo habían abandonado en su momento de necesidad. Y en ese estado de dolor, se obsesionó con demostrarle a su padre todo el éxito que podía lograr. Tomó la decisión de cuidar de sus padres económicamente; era su manera de decir: «Yo no soy el malo».

Cuando se enamoró de quien luego sería su esposa, también lo enfocó todo a través de la lente de «ganar». Ella fue muy paciente con él, hasta que tuvieron una hija. «Tienes que dejar de salir tanto —dijo ella—. Necesito que te quedes en casa con nuestra hija y nos ayudes».

Sunil sintió que su esposa quería controlarlo, así que se negó. Finalmente se divorciaron y se establecieron en diferentes partes del país. Desde entonces, ha tratado de cumplir con su deber como padre, yendo a visitar a su hija cada dos o tres meses, pero era solo eso: un deber.

Aún no había comprendido lo más importante acerca de sus relaciones.

En un profundo estado de serenidad, tras salir de una meditación mística de campo ilimitado que era parte del curso que estaba realizando, Sunil vio un cangrejo que corría por el sendero.

Su corazón y su cerebro se inundaron de compasión y amor. Sintió una inmensa afinidad, un sentimiento de pertenencia y amor por los árboles, por los peces del mar, por los niños cuyas risas escuchaba al otro lado del jardín. Su corazón había despertado al amor.

«*Dios mío* —pensó—. ¡Así es como se ama! Esto es lo que significa sentir, amar».

La intensidad de la experiencia se desvaneció después de unos días, pero cambió para siempre. Decidió vivir a tiempo parcial en la misma ciudad donde su hija de ocho años vivía con su madre para poder pasar una semana de cada mes con ella.

El primer día que pasaron juntos, ella le habló tímidamente, como siempre le había hablado.

Pero esta vez él sabía cómo conectar. El estado de amor tomó el control mientras se conectaba con los deseos y puntos de vista de su hija y sus disputas con sus amigos en la escuela. Al cabo de unas horas, la niña no paraba de hablar alegremente.

Cuando nos habló de la transformación de su relación, dijo: «Me duele el pecho porque cada vez que voy a recogerla a la escuela, ella me ve desde lejos, corre y se abalanza sobre mí».

Además, ha encontrado una bella compañera que se considera afortunada de haber conocido a un hombre así. En el trabajo, además de hablar de los beneficios trimestrales, también se centra en mejorar la felicidad de sus empleados.

El caso de Sunil es el ejemplo típico de alguien que despierta al amor y que ahora es capaz de amar a todo el mundo. Este viaje en busca de la verdad requiere una gran valentía y pasión. No es para los amantes indolentes que buscan la gratificación instantánea. Es un camino para aquellos que buscan transformar su conciencia.

Cabe señalar que no todos los que se han embarcado en este viaje decidieron seguir con sus parejas. Sí, es cierto que vivir en un estado de belleza tendrá un efecto profundo en quienes te rodean. Tus relaciones se volverán naturalmente más armoniosas y felices. Atraerás a gente amable y cariñosa a tu vida.

Sin embargo, este compromiso con la verdad interior también ha ayudado a muchos a aceptar el hecho de que están en un camino diferente al de sus parejas. Estar en un estado de belleza no implica permanecer en situaciones de infelicidad o de riesgo. Se trata de cultivar la calma interior para que puedas tomar decisiones desde un estado de conexión y amor.

Si algo de esto suena intimidante, no tengas miedo: este estado de amor y conexión está al alcance de cualquiera que sea lo suficientemente valiente como para emprender su periplo hacia el segundo secreto sagrado de la verdad interior.

Por favor, haz una pausa y sé consciente del corazón. Siente como si estuvieras dirigiendo la respiración hacia ese órgano. Respira así durante unos momentos. Pasa algún tiempo a solas, ya sea caminando o sentado. Medita en lo que sería vivir en un estado en el que te sintieras libre de todo daño emocional.

Visualiza cómo sería poder mirar a los ojos de tu pareja como si estuvieras viendo esos ojos por primera vez. Siente cómo sería despertarte cada mañana con una sonrisa y estar presente con los tuyos porque ya no estás perdido pensando en tus problemas. Deja que arraigue en ti esta pasión por vivir la vida desde un estado de belleza.

La esencia de ser humano

¿Alguna vez te has preguntado qué significa ser humano? ¿Es meramente sobrevivir, cumplir alguna ambición, procrear, envejecer y *plaf*... desaparecer?

¿Qué significa estar realmente vivo? Tenemos el potencial de experimentar estados extraordinarios de conciencia, de sentirnos conectados a los demás, conectados a *todo*. De maravillarnos con el curso de la vida.

Ese es el potencial de la conciencia humana: conectar, amar, ser uno. Experimentar un amor que no conoce fronteras; un estado total de unidad. Ese es el potencial y el propósito de la vida del ser humano, de su cerebro y del resto de su cuerpo.

Vivir con una sensación de estar conectado significa alejarse del ensimismamiento y pasar a la conexión. Esa es una auténtica transformación. Y es entonces cuando estás realmente vivo. Tu presencia en la tristeza y alegría del otro es el regalo más amoroso que puedes traerle.

En el momento en que tu pareja siente tu conexión con sus sentimientos comienza la sanación de la relación. Ni siquiera importa que os hayáis herido el uno al otro en el pasado. En este estado hermoso de conexión, la distancia disminuye. Cuando llevas esta presencia a tus hijos, a tus amigos, a tus padres, a tus hermanos, esta es la esencia de una familia conectada.

Cuando cultivas una visión espiritual para tus compañeros de trabajo, te sientes inseparable de ellos. No existe la explotación ni el miedo a ser explotado, ni el deseo de dominar, ni el miedo a ser dominado, ni las críticas, ni la alienación. Te encuentras como en tu casa. Puedes sentir su ansiedad y sus deseos, su frustración y su necesidad de ser aceptados. Desde este bello estado de conexión es posible crear una nueva atmósfera de apoyo y cooperación.

De la visión espiritual surge un nuevo sentido de conexión con la tierra. La tierra no es una tarta de barro que nos repartimos. La tierra es una parte de ti y tú eres una parte de ella. Asimismo, surge la compasión por todas las formas de vida y se transforma tu manera de pensar, relacionarte y actuar. Sin duda, es una vida llena de belleza.

Ejercicio de sincronización del alma: conviértete en un compañero incondicional

Hay diferentes maneras de adaptar la práctica de la sincronización del alma para ayudarte a dar la bienvenida al estado de amor en tu vida. Tal vez quieras preguntarle al universo o establecer la intención de construir relaciones más sólidas y amorosas.

También puedes practicar esta sincronización del alma con tu pareja, estableciendo la intención de conectar cada mañana antes de que comience el día o cada noche antes de irte a dormir.

A continuación, sigue con los pasos primero al quinto como se describe en la página 47 y siguientes.

1. Ocho respiraciones conscientes.
2. Ocho respiraciones conscientes, espirando con un zumbido.
3. Ocho respiraciones conscientes, observando la pausa entre inspiración y espiración.
4. Ocho respiraciones conscientes mientras entonas en tu interior «Ah-hum» o «Yo soy».
5. Ocho respiraciones conscientes mientras imaginas que tu cuerpo se expande y se vuelve luz.

Esta vez, en el sexto paso, siente como tu corazón se despierta al hermoso estado de conexión en el que puedes sentir a tu ser querido como si no hubiera límites entre tú y esa persona. Siente el profundo amor que irradia de tu corazón hacia el otro, sanándolo y transmitiéndole un bello estado de amor.

IV

El cuarto secreto sagrado: practica la acción espiritualmente correcta

∞

El cuarto secreto sagrado: practica la acción espiritualmente correcta

Krishnaji

¿Cómo podemos superar los retos difíciles sin que nos dejen marcados?

Ya hemos hablado de cómo el secreto sagrado de la inteligencia universal puede ayudarnos en los momentos difíciles. Pero nuestra meta no consiste solo en ayudarte a solucionar tus problemas. También queremos enseñarte a transformarte al mismo tiempo que los solucionas.

El cuarto y último secreto sagrado es el que tiene la capacidad de causar un mayor impacto en todo el entramado de tu vida.

Ese es el poder de la acción espiritualmente correcta.

Cuando tenía dieciséis años, tenía el hábito de correr de casa al Instituto delante de mis amigos a gran velocidad utilizando las rutas más cortas que encontraba. Un día tuve un pequeño accidente mientras iba al Instituto en bicicleta por un camino que no había recorrido antes.

Choqué contra una trabajadora inmigrante de mediana edad que estaba cruzando la calle, y ambos nos caímos. Lo normal en la India es que cuando ocurre algo así, se forme una gran multitud alrededor. Casi siempre, se ponen del lado de la persona más pobre. No importa de quién sea el error. En este caso, por supuesto, el error había sido mío, y comenzó a formarse una multitud. La mujer se levantó enseguida y les dijo que se metieran en sus asuntos. Luego se acercó a mí y me ayudó a levantarme. También me ayudó con la bicicleta y me llevó a su pequeña choza improvisada al otro lado de la calle. Me lavó los moratones y me preguntó si podía ir a clase. Me bendijo con mucho amor y me dijo que debía convertirme en un hombre educado y hacer mucho bien en el mundo.

Me quedé atónito. Para ella, en ese momento el ideal de justicia no era lo importante. Lo único que le importaba era evitar que la muchedumbre me hiciera daño. Mientras me dirigía a la escuela en bicicleta después de balbucir mis agradecimientos, no dejaba de preguntarme: «¿Cómo pudo actuar con tanto amor con un desconocido?». No había actuado pensando en la justicia o en la ética ni en cualquier tipo de ley. Solo le preocupaba que yo estuviera bien.

Este incidente tuvo un impacto muy profundo en mí, ya que fue la primera vez que reflexioné sobre la naturaleza misma de la acción.

¿Cuál es la acción correcta en una situación dada? Esta pregunta surge tanto en las situaciones insignificantes como en las importantes, ¿no es así? ¿Cómo sabemos si lo que estamos haciendo está bien o mal? ¿Existe una fórmula?

No usaremos la palabra *fórmula* para describir el secreto sagrado de la acción correcta espiritual por temor a que te encierres en una forma de pensar rígida e inflexible. La mujer que me salvó de la turba enojada ciertamente no estaba siguiendo una guía paso a paso; actuaba de forma espontánea y natural desde un estado de amor profundo. Pero ¿cuántas de nuestras acciones son así? La verdad es que incluso algunas de las personas más amorosas que hemos conocido pueden tener dificultades para actuar. Como el rey de diez cabezas, Ravana, cuya historia vimos antes, tienen tantos deseos y creencias contradictorios sobre lo que «debería ser» y lo que «no debería ser» que incluso las acciones más pequeñas pueden abrumarlas.

Hoy en la academia, Preethaji y yo definimos la «acción espiritualmente correcta» como una comunicación con el universo. Con nuestro estado estamos enviando constantemente información a esta ilimitada expansión de conciencia. Cada vez que nos acercamos a un estado de belleza, cuya esencia es la conexión, entramos en una magnífica alineación con el tejido unitario de la conciencia.

Nos gustaría compartir contigo ciertos principios para una acción correcta que te ayudarán a sacar provecho del poder de esta fuente. Llamamos a la acción basada en estos principios acción espiritualmente correcta. Y si el universo te ofrece una solución como resultado de una acción espiritualmente correcta, puedes apostar que se orquestará una secuencia inesperada de acontecimientos para traer más grandeza a tu vida.

En la práctica, la acción espiritualmente correcta es la que llevamos a cabo cuando ya no estamos tratando por todos los medios de controlar el fluir de la vida, sino que, por el contrario, respondemos a ella tal como viene, desde un poderoso estado de conciencia.

Veamos los tres principios fundamentales de las acciones espiritualmente correctas. Pueden ser útiles al tomar cualquier decisión, sea importante o no. Pero acuérdate de ver estos principios no como leyes rígidas sino como una inspiración. Cuanto más tiempo pases cultivando un estado de belleza, más natural te resultará el cuarto secreto sagrado de la acción espiritualmente correcta.

PRIMER PRINCIPIO. *La acción espiritualmente correcta surge una vez que hemos resuelto nuestro conflicto interno, no mientras estamos en él.*

Muy a menudo tomamos la decisión de comenzar o terminar una relación mientras estamos enojados o nos sentimos solos. Dejamos un trabajo mientras estamos abrumados por la inseguridad o la frustración. Decidimos comprar o vender mientras sentimos el temor a una recesión. ¿Cómo podemos obrar de forma sensata cuando nuestro estado es de insensatez?

Todos los estados de sufrimiento afectan a la inteligencia, distorsionan la percepción de la realidad. ¿Has notado que el enojo o la frustración pueden causar una prisa excesiva, mientras que la melancolía, la preocupación y la soledad pueden o bien paralizarnos en la inacción o llevarnos a apresurarnos a tomar decisiones de las que nos arrepentimos más tarde?

Algunas personas viven en un estado interior de confusión durante horas, semanas, meses o incluso años seguidos. Es algo así como bailar mientras llevamos una patata caliente en la palma de la mano. Tomamos decisiones por desesperación, no desde una conciencia de abundancia, pasando nuestra carga de una mano a otra hasta que no podemos aguantar más.

El camino a la acción correcta espiritual comienza cuando nos detenemos, nos relajamos y disolvemos nuestro estado de sufrimiento mediante la práctica de la mente serena. Porque solo cuando tu estrés se haya disipado podrás ver y comprender con claridad.

Un joven que pasó por un curso ofrecido por nuestra fundación benéfica juvenil demuestra a la perfección lo que acabamos de decir. A sus veintitantos años detestaba todos los aspectos de su vida. ¿Cuál era su última adición a esta lista de cosas detestables? Su nuevo trabajo vendiendo productos encurtidos desde un centro de llamadas. Odiaba todo lo relacionado con ese trabajo, desde los auriculares hasta la forma en que la gente reaccionaba cuando escuchaban que quería venderles algo. Odiaba su mísero salario. Pero no podía dejarlo porque tenía que contribuir a los ingresos de su familia; no quería escuchar los sermones y las críticas de su anciano padre.

Estaba frustrado por vivir una existencia anónima en una ciudad donde no le importaba a nadie. No podía volver a su aldea porque no soportaba a su padre. Su padre había sido un simple alfarero que llegaba a fin de mes haciendo vasijas para almacenar el agua. Eso era lo único que la gente de la aldea quería de él, y por eso nunca se molestó en desarrollar más sus habilidades. Su madre era ama de casa, cocinaba para la familia y trabajaba las tierras de un hombre rico. Detestaba su miserable hogar. Por eso creía que no tenía adónde ir ni nada importante que hacer.

En una de sus llamadas de rutina para vender encurtidos, habló con uno de los voluntarios de nuestra fundación. Tuvieron una conversación bastante larga, y lo invitaron a unirse a uno de nuestros eventos para adolescentes en una escuela. Mientras asistía al curso, se dio cuenta de que el odio que sentía por sí mismo estaba destrozando su vida. Tras ser guiado a través de un proceso profundo, se sintió liberado del odio que sentía por su padre y por sí mismo.

Cuando regresó a su aldea el siguiente fin de semana, el joven se sentó en silencio con su madre en la cocina mientras ella cocinaba. Por primera vez en su vida, se sintió profundamente conectado con ella. La ayudó a cocinar la cena familiar. Se dio cuenta de que estaba más contento de lo que había estado en años, haciendo tareas sencillas en casa. Afirmó que sus papilas gustativas habían revivido con el olor y el sabor de la comida. Su corazón se abrió a una nueva pasión. Con inmensa claridad y valentía, renunció a su trabajo en el centro de llamadas, regresó a su aldea y aprendió a cocinar las variedades nativas de alimentos con sus numerosos ingredientes secretos bajo la guía de su madre y otras mujeres de la aldea. Hoy en día trabaja en uno de nuestros campus como jefe de cocina. Se esfuerza por satisfacer las necesidades culinarias de los participantes y hacer que se sientan como en casa. Es un chef en un estado de belleza. Y su estado se filtra a través del gusto increíble de todo lo que cocina.

Extraordinarias oportunidades y prosperidad llegan a ti cuando simplemente tomas tus decisiones tras haber resuelto tus estados de sufrimiento, no mientras estás en ellos.

Veamos ahora el segundo principio de la acción espiritualmente correcta.

SEGUNDO PRINCIPIO. *La acción espiritualmente correcta surge de un estado de belleza.*

Desde un estado armonioso, tomas en cuenta de forma natural tu propio bienestar, así como el de los demás. Cuando estás en un estado de belleza, estás conectado a lo que sienten todos aquellos a los que les afectan los resultados de tus decisiones.

La acción espiritualmente correcta no consiste en sacrificar nuestro bienestar por el de otra persona. Porque a menudo nos amargamos y lamentamos nuestros sacrificios en la vida. También es posible que esperemos gratitud de aquellos por quienes nos hemos sacrificado. Y cuando sentimos que no nos han respetado lo suficiente, entramos en estados de desconexión, lo que a su vez nos lleva a otra serie de problemas.

La acción espiritualmente correcta tampoco significa ignorar el bienestar de quienes te rodean. La acción correcta emerge del bello estado de conexión, en el que es imposible ignorar el bienestar del otro. En situaciones complicadas en las que los sentimientos de más de una persona están en juego, llevas a cabo las acciones que crees que causarán el menor daño.

Por último, el tercer principio:

TERCER PRINCIPIO. *La acción espiritualmente correcta no se basa en ideales.*

Todos tenemos ideales e ideas importantes que dan forma a nuestras vidas. Pero ¿qué sucede cuando dejamos que los ideales se conviertan en algo tan fundamental para nuestra identidad que dictan cada una de nuestras acciones y nos hacen ignorar las circunstancias únicas de una situación? ¿Cómo puede surgir una acción correcta cuando estamos simplemente tratando de imitar lo que se hizo en el pasado sin usar nuestra sabiduría en el aquí y ahora? ¿Cómo puede surgir una acción correcta sin usar nuestra conciencia para estar presentes en la situación del aquí y ahora?

¿Cómo puede un ideal ser la luz que nos guía en todas las situaciones?

Cuando buscamos inspiración, leemos las biografías de otros con la esperanza de encontrar soluciones a nuestros desafíos. Por desgracia, al hacer esto la obsesión suele tomar el control.

Enamorados de un modelo, nos perdemos a nosotros mismos y nos obsesionamos con convertirnos en el modelo que estamos siguiendo. Soñar con ser tan famoso, tan romántico o tan capaz se convierte en nuestro nuevo problema. Nuestro modelo se convierte en nuestra obsesión y en una causa de sufrimiento.

Estamos viviendo una vida de segunda mano.

Actuar movidos por un ideal –*cualquier* ideal, incluso uno «bueno»– nos impide estar plenamente presentes en lo que cada situación única requiere. Las acciones impulsadas por un ideal son mecánicas, están determinadas de antemano. Incluso las respuestas generosas y humildes pueden volverse algo habitual. Seguir el ideal puede llegar a ser más importante que ocuparte verdaderamente de ti o de los demás. Por muy bueno o noble que sea ese ideal, cuando lo que impulsa tus acciones es la obsesión por alcanzarlo, te vuelves insensible y cruel.

Piensa en una historia que se contaba sobre Confucio, el gran filósofo chino y consejero imperial. El sistema de gobierno confuciano está basado en leyes, ética y principios claramente definidos. Todo —incluso el lenguaje que uno debe usar al comunicarse con un amigo, padre o maestro— está definido, porque Confucio creía que eso llevaría al orden, la virtud y la rectitud. A consecuencia de esto, todos sabían qué acciones serían recompensadas y qué acciones serían castigadas.

Una vez robaron un caballo y se informó de ello a Confucio. Este puso en marcha una investigación para encontrar al ladrón, impuso una pena de cárcel y estableció una recompensa para quien descubriera al culpable. Tras unos días, un joven se acercó a Confucio y anunció que sabía quién era el ladrón.

—¿Cómo lo has sabido? —preguntó Confucio.

—Porque es mi padre —respondió el joven.

—Encontrad al hombre y ponedlo entre re… —comenzó a decir Confucio. Pero antes de terminar su frase, preguntó—: Un momento, ¿por qué robó tu padre ese caballo?

—Mi familia se estaba muriendo de hambre —dijo el joven—. Tanto *yo* como *mi madre* nos moríamos de hambre. No teníamos nada que comer. Mi padre robó el caballo para alimentarnos.

—Pero él es tu padre —dijo el consejero imperial—, ¿por qué lo denuncias?

—Porque tengo que ser honesto —dijo el hombre—. Ante todo tengo que decir la verdad.

Al oír esto Confucio revocó su juicio anterior.

—Absolved al padre —dijo—. Encarcelad al hijo durante tres días.

Esta historia suscita muchas reacciones y preguntas.

No te preocupes si estás confundido. La finalidad de este cuento es ayudarte a mirar con mayor atención tu propia vida.

Lo que hizo el hijo fue una acción moral o éticamente correcta. Dijo la verdad y obedeció la ley. Pero la honestidad se había convertido en un mero ideal, un ideal que era más importante para él que conectar con quien estaba tratando de alimentarlo. Solo le importaba que lo consideraran y reconocieran como una persona honesta. La obsesión por su ideal lo había hecho cruel y despiadado.

Quizá Confucio pensó que era más peligroso tener a alguien tan cruel vagando por las calles —especialmente alguien tan joven— que a un anciano que robó para alimentar a su familia.

Esperamos que puedas ver lo poderoso que puede ser este secreto sagrado final. La acción espiritualmente correcta no es una metodología paso a paso para la toma de decisiones. Como sucede con los demás secretos sagrados, se trata de disolver el conflicto interno, salir de la autoobsesión y responder a la vida con una inteligencia extraordinaria.

Cuando estás actuando correctamente, no sacrificas tu propia salud, riqueza y felicidad por cómo «deberían ser» las cosas. Te importa tu felicidad y la valoras. La acción correcta comienza por ti e inevitablemente se extiende a las vidas de otros e influye en ellas. A menudo es un primer paso para hacer grandes cosas en la vida.

Con una visión espiritual, vives una vida hermosa.

Practicando la verdad interna, superas tu sufrimiento y despiertas a un estado de belleza.

Al vivir en un estado de belleza, realizas acciones espiritualmente correctas, que conducen a un gran destino individual y colectivo.

Cuando accedes plenamente a la inteligencia universal, tu vida entra en el reino de lo milagroso.

El cuarto periplo vital: conviértete en un creador consciente de riqueza

Krishnaji

Imagínate que vas caminando por una bosque de arbustos en una tarde tranquila, silbando tu canción favorita. De repente, un pájaro suelta un graznido estridente. Por el rabillo del ojo notas un movimiento a lo lejos entre los matorrales altos.

Sabes que corres peligro. Te están observando. Es un tigre que está a punto de abalanzarse hacia ti. Y aunque corres, te persigue. Pronto te encuentras ante un foso enorme y profundo. Si quieres escapar del tigre, no te queda más remedio que arrojarte. La caída es terrible, el terreno escarpado y accidentado, y mientras caes hacia las aguas turbias, magullado y ensangrentado, miras para abajo y ves un cocodrilo gigante con las mandíbulas abiertas de par en par.

Aterrorizado, tratas de aferrarte a las paredes del foso. Tras algunos intentos fallidos, logras agarrarte a una enredadera salvaje, con los pies colgando a pocos metros de las fauces abiertas del cocodrilo. Con el tigre arriba y el cocodrilo abajo, te aferras a la vida. En ese momento es cuando ves dos ratones, uno blanco y otro negro, mordisqueando la enredadera a la que te estás agarrando. Suspendido en este estado de terror, sientes que te caen unas gotas encima. Alzas la cabeza y ves un panal a una gran altura por encima de ti. Anhelando un dulce momento de alivio, estiras la lengua y esperas a que la siguiente gota de miel caiga sobre ella.

En primer lugar, ¡te pedimos disculpas por haberte sometido a esta aterradora aventura imaginaria! Pero por favor, ten un poco de paciencia mientras te explicamos el propósito de esta antigua historia tal como lo vemos, ya que comprenderla te ayudará a abrir tu conciencia a una nueva forma de pensar acerca de la abundancia.

Esta historia es una representación visual de cómo muchos vivimos la vida. El tigre es el estado aterrador en el que entramos cuando la obsesión con el yo se apodera de nosotros: el miedo profundo de que no importamos nada. Por eso lo llamamos el *estado nadie*.

El foso es nuestra inmersión en la búsqueda inconsciente, agresiva y ambiciosa de la creación de riqueza. Caer rodando en el foso podría parecer la salida del estado nadie, pero es un viaje que emprendemos por miedo, no con una sensación de alegría ni guiados por un propósito.

El cocodrilo es el bucle interminable de problemas financieros que surgen como resultado de tu obsesión contigo mismo, así como la vida de mediocridad que te espera al deslizarte por el foso.

La enredadera de la que cuelgas es tu esperanza.

Los ratones blanco y negro que mordisquean la enredadera son el paso del día y de la noche con el que tu esperanza se está esfumando.

Y, finalmente, la miel representa algunos momentos de placer que anhelamos en medio de la inseguridad y el caos.

¿Cómo se puede escapar de esta situación?

Bueno, conocemos el camino que se toma con más frecuencia. En el momento en que vemos al tigre, hacemos exactamente lo que hizo el personaje de la historia. Nos arrojamos de cabeza al foso, aunque, por supuesto, ese foso puede tener cualquier tipo de apariencia. Es el trabajo que nuestros padres querían que hiciéramos. La profesión que nos promete el respeto que nunca recibimos cuando éramos adolescentes. La posición que nos hará más ricos que nuestros hermanos. El estatus que asegurará que nunca nos ignoren cuando se celebra una fiesta.

Aparentemente ese camino podría ofrecernos logros y éxito financiero. Pero si elegimos cualquier curso de acción solo para llenar este doloroso estado de vacío interior, el estrés y la ansiedad crearán un vórtice de energía negativa a nuestro alrededor que atraerá más caos y una sensación de mediocridad que nos corroe. Cuando vivimos desde un estado de conciencia tan inferior, dañamos todos los demás aspectos de la vida. Claramente este no es el camino hacia la abundancia financiera. No es el estado desde el cual se puede crear riqueza de forma consciente.

Sin embargo, hay un camino mejor, otro estado de conciencia.

La vida en el estado nadie

Mike, director general de una firma de arquitectura de gran éxito, todavía recuerda el momento en que decidió que nadie volvería jamás a despreciarlo. Era un adolescente, pero la humillante sensación de haber sido abandonado por la chica que amaba, que lo dejó por un niño rico, permaneció con él durante mucho tiempo. La ascensión dentro de su empresa hasta lograr el reconocimiento fue dura y dolorosa, pero no le trajo la felicidad que esperaba. Tras muchos y amargos años de lucha, se adueñó de él un estado de arrogancia. Para escapar de la sensación de insuficiencia, pasaba mucho tiempo repitiéndose a sí mismo y a los demás lo grande que era.

Cuando Mike se acercaba a la cincuentena, empujado por la envidia e incapaz de soportar el ascenso de un competidor en su campo, intentó algunas maniobras astutas para hundir a su rival. Pero le salió el tiro por la culata. Se sucedieron una serie de acontecimientos que empañaron su imagen en los medios de comunicación. Perdió su empresa, y sus clientes se pasaron a la competencia. Sus empleados lo dejaron para empezar a trabajar por su cuenta.

Al reflexionar sobre las dos décadas de trabajo que había tirado por la borda, Mike llegó a la conclusión de que había caído lo más abajo posible en el pozo. Era hora de dejar de huir.

A regañadientes participó en un curso de cuatro días que estábamos ofreciendo. ¡Solo estaba allí porque su hija adolescente le había insistido!

Sin embargo, al segundo día, empezó a mirar en su interior, y se dio cuenta de que lo que siempre había visto como concentración y empuje en realidad era una adicción. Su dolorosa búsqueda de riqueza y éxito había sido un intento inútil de llenar el vacío interior que comenzó a sufrir durante su adolescencia.

Nunca se había ocupado de ese persistente sentimiento de insuficiencia, de manera que siguió creciendo con el paso de los años. El único medio que tenía para silenciarlo eran sus intentos de llegar a ser más grande que todos los demás en su campo. El resultado fue una carrera hacia el éxito basada en la agresividad y la crueldad.

Se dio cuenta de que, pese a ser un ejecutivo de éxito, por dentro se sentía tan vacío e insignificante como se había sentido en su adolescencia. No importaba cuánta gente trabajaba bajo su mando ni la elevada consideración que tenía en su campo. En el momento en que se imaginaba que alguien llegaría a ser más grande que él, se sentía insignificante. Seguía sufriendo.

El último día del curso, durante un viaje místico al hacer conmigo la meditación del campo sin límites, se sintió atenazado por un miedo paralizante: el miedo a morir como un don nadie. No podía sacudirse el miedo por mucho que tratara de redirigir su pensamiento.

Solo cuando se rindió a la evidencia de que su vida no le había importado a nadie, descubrió una verdad humillante: no había enriquecido la vida de ninguna persona con su presencia.

En una meditación profunda, permitió que el dolor de una existencia sin propósito se asentara en él. En un momento se produjo una gran sensación de calor en el área del ombligo. Sintió como si un enorme fuego estuviera consumiendo esa sensación de descontento tan familiar en su corazón y en sus entrañas. Después de una hora, cayó en un profundo sueño.

Mientras viajaba de vuelta en avión, Mike repasó su vida. Entendió la inutilidad de perseguir la riqueza desde ese estado. Ninguno de sus éxitos materiales le había servido en lo más mínimo para sentirse completo.

Su proceso de auténtica transformación había comenzado. Una nueva vida le estaba haciendo señas, pero tenía que tomar varias decisiones. ¿Se retiraría y se dedicaría a algún pasatiempo o comenzaría una nueva carrera? ¿Continuaría con su antigua profesión? ¿Volvería a construir su carrera en la misma ciudad o se mudaría? ¿Trabajaría solo o con otros? ¿Por dónde empezaría?

En breve volveremos a su viaje.

El dolor del «yo perfecto»

Desde un estado nadie como aquel del que Mike se había vuelto consciente, nuestros esfuerzos por crear abundancia son como el vuelo de una gallina: limitados y agotadores. El estado nadie puede conducir a tres caminos diferentes:

1. No logramos alcanzar la riqueza que buscamos porque estamos operando desde un estado de inteligencia muy inferior.
2. Incluso si logramos algún éxito, la subida será dura y dolorosa, sin dejarnos espacio para la satisfacción o la celebración.
3. Nuestros estados de sufrimiento crearán problemas que pondrán en peligro todo aquello por lo que tanto nos hemos esforzado.

Si cada una de estas posibilidades te parece un callejón sin salida, permítenos tranquilizarte. Hay una razón por la que el estado nadie tiene tal control sobre nosotros; y en cuanto nos damos cuenta de ello, comienza a perder su poder.

Pero ¿cómo llegó a tener tanta fuerza?

Recuerda que nuestra mente no es solo el resultado de la información que elegimos conscientemente para alimentarla. En ella también se vierten las aspiraciones, los prejuicios, los miedos y los deseos de nuestros abuelos, padres, maestros, amigos, novios del instituto, compañeros, ¡así como las opiniones de personas que tal vez ni siquiera nos gusten!

Este flujo colectivo de información ha cristalizado en nosotros creando una imagen del yo perfecto. Por desgracia, este yo perfecto es emocionalmente virtuoso, intelectualmente brillante, físicamente atractivo y financieramente abundante. Piensa en Steve Jobs, Oprah Winfrey, Gigi Hadid y Warren Buffett todos en una sola persona, ¡y no olvides añadir un toque del dalái lama! Si te fijas bien, esta es más o menos la imagen de tu yo ideal.

Aunque no tratemos de imitar conscientemente a los individuos más admirables, exitosos o atractivos del mundo, desde el primer día hemos sido bombardeados con mensajes sobre lo que significa ser buenos, felices y exitosos. De manera natural, se forma en nosotros desde los primeros años de vida una idea de la persona que «debemos ser». Una idea que comienza a complicarse cada vez más a medida que empezamos a sentirnos juzgados por la familia, los amigos y los maestros. Sin darnos cuenta, este yo perfecto se convierte en el indicador interno de lo que *deberíamos ser*. Constantemente comparamos este ideal con nuestra realidad, y cada vez que nos quedamos cortos, nos decepcionamos con nosotros mismos y nuestra vida. Nos sentimos vacíos y comenzamos a perseguir todas nuestras metas desde un estado de desesperación.

¿Te parece que lo que estamos comentando suena como si te pidiéramos que te vuelvas más «razonable», que no apuntes tan alto o que renuncies a tus deseos para poder vivir contento?

Pues bien, esa no es nuestra filosofía. ¿Cuál es la vara de medir lo que es razonable e irrazonable?

Tampoco creemos en vivir una vida mediocre de conformismo. No creemos que tengas que evitar el deseo. Para nosotros, lo que importa es el estado desde el que perseguimos todos nuestros deseos, ya sean grandiosos o sencillos.

Entonces, ¿qué hacemos cuando el estado nadie nos domina? ¿Y si es lo único que hemos conocido?

Déjanos decirte algo: nadie ha nacido siendo un don nadie.

Antes de que comenzáramos a experimentar esta división psíquica entre la fantasía del yo perfecto y la realidad del estado nadie, vivíamos en un estado de belleza. Cuando niños, no pensábamos en llegar a ser nada más que lo que estábamos viviendo en un momento dado. Éramos uno con nuestro estado interno, tanto si eso significaba estar enojados o alegres, tener celos, estar aburridos o ser traviesos.

En este estado, éramos nosotros mismos de una forma total y descarada. Este hermoso estado de inocencia era una especie de paraíso. La infelicidad no nos calaba, resbalaba como gotas de agua por la piel.

Éramos nosotros mismos sin complejos No importaba el color de nuestra piel o de nuestros ojos. Vivíamos en un estado de paz, supiéramos o no el alfabeto o la tabla de multiplicar. Aprendíamos a nuestra manera y a nuestro ritmo; cada esfuerzo era un acto creativo único.

Al crecer, pasamos de esta sensación interior de calma a complicados sistemas de evaluación que impedían que llegáramos a encontrarnos nunca satisfechos. Cuanto más lejos de nuestro yo perfecto caíamos, más nos hundíamos en el doloroso estado nadie. Cada vez que la vida nos trataba mal, este estado nadie se reforzaba más.

Cuando nuestros padres nos comparan con un hermano, se apodera de nosotros el miedo a ser un don nadie. Cuando un maestro trata mejor a otro niño, ese miedo nos corroe. Cuando la persona que amamos nos rechaza o no conseguimos el trabajo de nuestros sueños, el miedo a ser un don nadie comienza a consumirnos.

Incluso aquellos que han alcanzado una gran fama experimentan este estado nadie. Pero si permanecen ahí, ni siquiera los premios y galardones más prestigiosos los acercarán a la alegría. Por favor, ten en cuenta esto: desde este estado nadie, no estamos persiguiendo la creación de riqueza. Solo nos lanzamos adictivamente por el pozo de la desesperación.

Por favor, reflexiona. Dedica unos momentos a pensar abiertamente en la manera en que el estado nadie puede restringir tu capacidad de crear riqueza y experimentar la abundancia en sus diversas formas. ¿Cómo te mantiene sumido en la desesperación? Recuerda que si quieres que la inteligencia universal te presente soluciones, puedes dejar de lado tus apegos e intereses personales practicando la mente serena (para repasar la práctica ve a la página 96). Contempla la situación desde una perspectiva más amplia. Fíjate en cómo puedes influir en el conjunto, ya sea en tu familia, tu organización o tu entorno. Las soluciones llegarán a ti en forma de intuición, como inspiración durante la meditación o como una idea de donde menos te lo esperas.

Como líder consciente, pregúntate: «¿Qué estado está impulsando mis logros? ¿Estoy usando la comparación y el miedo a ser menos como energía para superarme? ¿O lo que me motiva a dejar huella es un estado de profunda pasión y dicha?».

Cómo sanar la mente inflamada

Todos hemos experimentado inflamación en el cuerpo. Cuando algo dañino o irritante intenta invadir un organismo, existe una respuesta biológica para eliminarlo. Los signos y síntomas visibles de la inflamación, aunque a menudo son dolorosos o irritantes, son una prueba de que el cuerpo se encuentra en estado de guerra mientras intenta curarse a sí mismo.

Por supuesto, a veces la inflamación puede alterar el equilibrio corporal, lo que a su vez crea más inflamación. El peligro de una inflamación crónica de bajo nivel es que su naturaleza silenciosa oculta su poder destructivo. De hecho, la inflamación inducida por el estrés, una vez desencadenada, puede persistir durante años, incluso décadas, sin ser detectada, propagando la muerte celular por todo el organismo. Este estado de guerra en el cuerpo puede manifestarse en forma de diabetes, alzhéimer, meningitis, cáncer o enfermedad coronaria. Esta es la razón por la que gran parte de la investigación médica actual se centra en la lucha contra las enfermedades inflamatorias.

Así como el cuerpo puede permanecer inflamado durante años, lo mismo le puede suceder a nuestro ser. Lo que comienza como una respuesta normal a nuestras heridas emocionales se convierte en una enfermedad del corazón y la mente. Y una vez que la inflamación de la mente se asienta en nosotros, puede distorsionar nuestra vida, sin ser detectada, durante décadas.

Podemos decir que hemos superado el trauma de nuestro pasado, podemos habernos construido una vida que no se parece en nada a la que tuvimos en la infancia, pero, si de verdad queremos sanarnos a nosotros mismos, hemos de enfrentarnos al miedo a ser un don nadie, abrirnos a la abundancia y vivir vidas llenas de belleza.

¿Cómo podemos lograrlo?

Uno de los síntomas del estado nadie es que este a menudo va asociado a una relación obsesiva con la riqueza. Las personas que experimentan este estado de sufrimiento tienden a tener una fijación extrema con el dinero, una aversión total por él o una combinación oscilante de ambos sentimientos. Hablemos primero de la obsesión por el dinero. Todos conocemos uno de los signos clásicos de nuestro cuerpo para combatir las infecciones: la fiebre. Bueno, algunos de nosotros experimentamos algo similar cuando tratamos con el estado nadie.

Atrapados por una especie de delirio, nos obsesionamos con la acumulación de riqueza y estatus. Cuando esta fiebre se adueña de nuestras vidas, no podemos ver la realidad claramente. Alucinamos con visiones deformadas del futuro: «Si tuviera más dinero, tendría todo lo que quiero: amor, felicidad y poder». Por supuesto, si nos impulsa esa visión, podemos sentir de vez en cuando ráfagas de energía breves pero insostenibles. A la larga, sin embargo, es difícil construir algo sólido cuando estamos en este estado interno. Nuestra obsesión hace que nos sintamos aterrorizados ante la posibilidad de fracasar y nos vuelve incapaces de explorar y encontrar soluciones creativas a nuestros desafíos y problemas.

Mei, una maestra de ikebana, vivía con el temor de no tener ahorrado suficiente dinero para la vejez. De hecho, había pasado años obsesionada y calculando cuánto tenía en el banco y cuánto más podía conseguir. Pero ninguna de las acciones que realizaba, ni de las cantidades que ganaba, la hacía sentirse más realizada o segura, y pasaba largos períodos de tiempo deprimida.

Cuando echó un vistazo a las raíces de estos sentimientos, se dio cuenta de que de niña sentía que nada de lo que hacía era suficiente para complacer a su madre. Había llevado ese mismo estado interno a cada una de sus relaciones con amigos y parejas. Incluso cuando estaba en el instituto, le obsesionaba la abundancia financiera. Esperaba que el dinero eliminara el doloroso estado de inseguridad que experimentaba en su interior.

Con el paso del tiempo, la relación de Mei con el dinero se enrareció. Pasaba mucho tiempo calculando cuánto le quedaría cuando se jubilara y le entraba pánico de pensar que no tuviera lo suficiente. Este pánico la empujaba a trabajar sin descanso y ganar más dinero.

Pero también compraba de manera compulsiva o hacía inversiones imprudentes continuamente, y se lamentaba luego del dinero que se le iba de las manos. Vivía en un estado interior de pobreza. Su pánico aumentaba hasta el punto de que pasaba días sintiéndose enferma y fatigada.

La liberación de Mei llegó cuando comprendió que sus problemas actuales eran el resultado de su estado interior. No era el universo el que la estaba poniendo a prueba con sus problemas, sino su mente inflamada, que hacía que su vida se descontrolara. Al profundizar en el conocimiento de su estado interior durante los meses siguientes, fue despertando de forma natural a un hermoso estado de conexión con la senda de las flores y sus estudiantes de ikebana.

El profundo viaje espiritual en el que se ha embarcado Mei ha cambiado los circuitos neurológicos de su cerebro que antes la mantenían ansiosa y obsesionada con las finanzas. Ahora vive en gran parte en un estado de belleza y siente que el universo está de su lado, y que le ofrece numerosas oportunidades y sincronicidades.

Del mismo modo en que la fiebre puede advertirnos de que tenemos gripe, nuestra obsesión por el dinero puede llamar nuestra atención sobre una enfermedad más profunda. Naturalmente, podemos atiborrarnos de medicamentos que oculten los signos de inflamación, o podemos usar nuestra incomodidad como una llamada a la acción para enfrentarnos de una vez por todas a nuestro estado nadie.

La segunda relación con la riqueza que creamos desde el estado nadie es el de evitarla. Si algunos de nosotros respondemos al estado nadie obsesionándonos con nuestros estados de cuenta bancarios, otros hacen justo lo contrario. «Al fin y al cabo –pensamos–, el dinero es malo. Para lo único que sirve es para volver arrogante a la gente y corromper el mundo. No tiene sentido buscarlo ni respetarlo».

Esa repugnancia puede convertirse en una ira que creemos justificada: «¿Cómo pueden tener mis vecinos una casa tan grande habiendo tanta gente sin nada en el mundo?».

En este tipo de relación con la riqueza, de abnegación, no respetamos las contribuciones que hacemos.

Dudamos en cobrar lo que verdaderamente valen nuestros servicios. Nos quejamos de que lo que nos ofrecen es injusto, pero no nos atrevemos a pedir lo que nos corresponde.

Sin embargo, si profundizamos un poco, a menudo descubrimos que una aversión por el dinero y la gente que lo tiene también surge de alguna inflamación del pasado. Esta segunda relación con la riqueza es una reacción tan poco inteligente y tan peligrosa como la primera. ¿Nos hemos quedado estancados ahí?

Por favor, haz una pausa. Si te sientes cómodo haciendo un pequeño viaje interior, permítenos detenernos aquí. Enraicémonos en el momento presente respirando más lentamente.

Profundicemos en nuestra verdad interior. Siéntate en silencio y observa. ¿Cuál es tu relación con la riqueza? ¿Te obsesiona? ¿Es como una piedra en tu zapato que reclama tu atención a cada paso que das? ¿O sientes indiferencia o desdén hacia ella?

¿Con qué frecuencia nos consume el miedo a ser un don nadie? ¿Con qué frecuencia nos obsesiona vivir y morir como alguien que no tiene ninguna trascendencia para nadie? ¿La obsesión por convertirte en alguien en el futuro te ha impedido vivir, conectar y sentir? ¿O es que tu búsqueda de la abundancia nace de un estado dichoso de autodescubrimiento y del deseo de compartir tus dones con el mundo?

No debemos reprendernos por nuestro doloroso estado de miedo. Todo lo contrario: ¡felicitémonos, porque la clave para un estado de belleza es el viaje de la falsedad a la verdad!

Podemos liberarnos de este estado nadie. De hecho, tenemos que hacerlo. Ese estado de sufrimiento crea una especie de campo de energía negativa a nuestro alrededor.

Todos hemos sido testigos de esto, ¿no? Hemos visto a alguien totalmente obsesionado con su situación financiera tomar decisiones terriblemente imprudentes que afectan a todos los relacionados con él. Hemos visto cómo el estado nadie se manifiesta en forma de adicción al trabajo o depresión. No es fácil estar cerca de alguien que vive en ese estado. A menudo está demasiado consumido por sentimientos de rabia o vergüenza como para sentir el amor de nadie.

A un nivel más general, el estado nadie se convierte en una fuerza que impide que la riqueza fluya hacia nosotros. Nos impide pensar con sensatez. Ahuyenta las ocasiones favorables. Cierra la puerta a Lakshmi, la diosa de la riqueza en la cultura hindú, para que no entre en nuestra vida.

Pero podemos librarnos de él.

¿Recuerdas a Mike, el director general de la empresa de arquitectura? Su viaje hacia su interior no lo llevó a renunciar a su búsqueda de seguridad financiera. Sin embargo, renunció a otra cosa. Su búsqueda ya no venía de un lugar de vacío. Ya no lo movía la ira hacia todos los que se habían burlado de él y habían dejado de ser socios suyos. Ni siquiera la desesperación por reconstruir la imagen que había perdido ante la sociedad. Mike despertó a un bello estado de serenidad y coraje. Era consciente de la devastación que habían causado su estado y sus acciones. No tenía que ajustar cuentas con nadie. El poder de su conciencia transformada lo llevó a un nuevo propósito: la pasión por utilizar su conocimiento para el bien común. Hoy en día ha reunido un nuevo equipo a su alrededor. Mientras escribimos estas palabras, él y su equipo se dedican a proporcionar soluciones arquitectónicas a los alumnos interesados. Partiendo de estados hermosos de serenidad y entusiasmo, construye su sueño ladrillo a ladrillo. Esta vez al ascender hacia la cumbre no siente en el fondo de su ser que esté realizando ningún esfuerzo.

Convertirse en un creador consciente

La creación de riqueza es uno de los temas de los que más se habla a nivel mundial. Sin duda, habrás oído hablar de muchas técnicas y estrategias para enriquecerse.

El viaje para convertirse en un creador de riqueza consciente no tiene nada que ver con eso.

Abogamos por un enfoque consciente de la creación de la abundancia: alejarnos de los estados destructivos que nos impiden manifestar nuestros sueños y acercarnos a una conciencia que es increíblemente creativa y está totalmente despierta. Ya no es necesario crear, construir y alcanzar logros desde la escasez. Aprenderás a acceder a una fuente de creatividad mucho más profunda.

Cuando los estudiantes emprenden este viaje por la conciencia, se abren a nuevas y emocionantes oportunidades y experimentan sincronicidades milagrosas. En vez de luchar contra la gran corriente de la vida, se dejan llevar por ella más allá de las asombrosas orillas del río de la vida.

Entonces, ¿cómo es el creador consciente de riqueza?

El creador consciente de riqueza conoce el estado desde el cual persigue la riqueza y el éxito.

El creador consciente de riqueza conoce el propósito que subyace tras su búsqueda.

El creador consciente de riqueza conoce el impacto que su creación de riqueza tiene en el ecosistema que lo rodea.

Permíteme ahora compartir una experiencia de un conocido director general de una organización muy apreciada.

Hace algunos años, este director general recién nombrado y su esposa pasaron por su primer viaje de transformación en la academia.

Su empresa se encontraba en un estado de crisis financiera y en la reunión del consejo de administración se le encomendó la responsabilidad de revertir la situación.

Su decisión fue la que la mayoría de los líderes tomarían al enfrentarse a una crisis de este tipo: despedir trabajadores para reducir costes.

Muy apesadumbrado, le contó a su esposa su plan de despidos, y ella le hizo una pregunta: «Entiendo que hayas decidido despedir a los trabajadores —dijo—, pero ¿desde qué estado estás tomando esta decisión? ¿Desde el miedo o desde el amor?».

El director general comenzó su viaje conectando con el primer secreto sagrado de la visión espiritual. Se dio cuenta de que estaba respondiendo a su desafío desde un estado de sufrimiento y no desde un estado de belleza. Sabía con total certeza que su sufrimiento solo lo desesperaba y lo volvía estúpido. Ese estado de dolor le atraía más problemas. Tras tomar la determinación de trascender el sufrimiento y abordar el desafío de su empresa desde un estado de belleza, viajó al segundo secreto sagrado de la verdad interior. Comprendió que su decisión respondía más a su obsesión consigo mismo y a un afán de protegerse, que a una visión más amplia de la organización, y que estaba decidiendo desde el miedo. Temía causar una mala impresión a la junta directiva y estaba desesperado por mostrarse competente a los ojos de sus directores.

Una vez que reconoció su miedo, se preguntó: «¿En qué estado quiero responder a esta situación?».

La respuesta estaba frente a él. Mientras continuaba con la meditación, se imaginó que entraba en un espacio de conexión con todos sus empleados. Sintió lo que sentirían ellos si perdieran sus trabajos justo antes de Navidad.

Luego siguió el cuarto secreto sagrado de la acción espiritualmente correcta. Con una clara determinación y confianza en el universo, motivó a toda su empresa para que se uniera como una familia y ahorrara en costes a todos los niveles, desde la producción y el empaquetado hasta el transporte y la presentación.

Su estado de conexión influyó muy profundamente en todos los miembros de la organización. Se unieron como uno solo para hacer que eso sucediera, y la empresa se mantuvo a flote.

Y otros cambios empezaron a fluir a su favor.

A medida que se acercaba la Navidad, la economía dio un giro. Se incrementó la demanda, una demanda que la empresa podía satisfacer, pero solo porque no había despedido al personal.

Mientras permaneció en el cargo, su empresa logró, año tras año, un crecimiento sin precedentes.

Cuatro objetivos, dos sendas

Aunque personalmente no nos gusta alardear de riqueza —ni de ninguna otra cosa, en realidad—, desearíamos compartir la sabiduría que nos ha guiado a la hora de crear negocios internacionales exitosos a lo largo de nuestros veintidós años de matrimonio y que ha guiado a muchos de nuestros estudiantes a convertirse en creadores conscientes de riqueza.

Según los antiguos sabios indios, todos los anhelos de la humanidad pueden clasificarse en cuatro objetivos:

- **Artha**: la riqueza y todas las comodidades y lujos que esta puede traer.
- **Kama**: el amor en todas sus formas, como afecto, intimidad, respeto y compasión.
- **Dharma**: la pasión por marcar la diferencia en tu familia, tu organización y el mundo.
- **Mukti**: un despertar espiritual, también llamado iluminación, en el que estás libre del sufrimiento y de la ilusión de la separación.

Sean cuales sean nuestros deseos, podrían clasificarse dentro de estos cuatro objetivos principales. Aunque este era el marco predominante de la cultura en la que ambos nos educamos, solo cuando empezamos a soñar con el plan de estudios de O&O Academy entendimos verdaderamente esta antigua sabiduría: cada uno de estos cuatro objetivos —y, por extensión, todos los anhelos humanos— puede perseguirse desde un estado de belleza o desde un estado nadie de sufrimiento.

Analicemos lo que queremos decir mirando primero el *dharma*.

Todos tenemos responsabilidades: como hijos con nuestros padres, como compañeros con nuestras parejas, como ciudadanos con nuestras comunidades. Pero cuando desempeñamos nuestras funciones desde un estado estresado, se convierten en tareas y cargas que debemos soportar. Cumplimos con nuestros deberes porque nos impulsan los ideales o porque estamos tratando de desempeñar nuestro papel en un sistema. Lo hacemos por sentido del deber, pero sin poner el corazón en ello.

Sin embargo, cuando pasamos a un estado de belleza, cuya esencia es la conexión, nuestro *dharma* se convierte en una pasión por nutrir el tejido de nuestra familia, comunidad y sociedad. Utilizamos nuestras habilidades, nuestra influencia y todo lo que tenemos para el bienestar del conjunto. Vemos la interconexión de todas las cosas, y que nuestro estado y nuestras acciones tienen efectos de gran alcance en la red de la vida. Viendo el efecto dominó que creamos naturalmente, ¿podría alguno de nosotros ser realmente un don nadie?

Del mismo modo, *kama* —la búsqueda del amor— se puede perseguir desde este estado nadie. Cuando eso sucede, el deseo de amor se convierte en un anhelo interminable. Tratamos desesperadamente de complacer a los demás o buscamos que nos complazcan. Esta búsqueda desesperada del placer se convierte en una obsesión incontrolada.

Contrasta esto con perseguir *kama* desde un estado hermoso: su resultado es un amor que nutre, eleva y libera.

Cuando incluso *mukti*, o la búsqueda espiritual, nace del estado nadie, se convierte en un proceso ambicioso y agresivo de acumulación de conocimientos y habilidades espirituales para exhibir. Tratamos de escapar de nuestros desafíos de la vida real aferrándonos a una imagen elevada y espiritual de nosotros mismos, y a consecuencia de esto nos adentramos aún más en el camino de la desesperación, el aislamiento y el conflicto. Esta es la razón por la que incluso los individuos más espirituales pueden sentirse en guerra con el mundo y por la que algunos de los más generosos no pueden callar esa vocecita que no para de gritar: «¿Por qué los demás lo tienen mucho más fácil?».

Un ejemplo clásico de alguien que siguió un camino espiritual desde un estado nadie es un primo del Buda llamado Devadatta. Devadatta era atractivo y brillante, y a veces se comentaba que hablaba mejor que el mismo Buda.

La historia cuenta que cuando ambos eran niños, un cisne al que Devadatta disparó una flecha cayó a los pies del Buda; este rápidamente procedió a curar sus heridas y a cuidarlo. Devadatta dijo que el cisne era suyo porque lo había derribado, pero los ancianos decidieron darle el cisne al Buda porque él le dio vida.

Tal vez ese fue el comienzo del estado nadie de Devadatta, o tal vez comenzó antes con alguna otra circunstancia. Cuando el Buda regresó por fin a casa después de su iluminación, Devadatta se unió a su monasterio, pero solo porque albergaba el deseo secreto de demostrar que era mejor maestro. Hizo grandes sacrificios de austeridad pero murió como un hombre insatisfecho.

Aunque a todos nos gustaría ser el Buda en esta historia en particular, no es tan difícil identificarnos con Devadatta. ¿Quién de nosotros no ha sentido la misma envidia ante la grandeza ajena, especialmente la de los parientes y amigos cercanos? ¿Quién de nosotros no ha librado una guerra interna contra un hermano o un amigo que parecía haber tenido todas las oportunidades que nosotros nunca tuvimos?

Esta es la fuerza negativa del estado nadie, y por eso no podemos subestimarla. La forma en que tira de nosotros para abajo es muy seductora.

Esto nos lleva al cuarto objetivo. Así como el *dharma* no debe ser abordado como una carga, la abundancia no llega por obsesionarse irracionalmente con la adquisición de *artha*, o la riqueza.

La búsqueda más elevada de la creación de riqueza consciente de *artha* solo es posible desde un estado de belleza. En un estado de belleza no nos mueve la obsesión por ganar siempre ni la ansiedad por perder. Ya no vemos la creación de riqueza como una lucha. Ni el éxito es una cuestión de vida o muerte. Nuestro viaje hacia la consecución de logros se vuelve lúdico. En esa conciencia hay una explosión de creatividad. La riqueza viene a buscarnos.

Desde este estado conectado y creativo, despertamos a un propósito mayor, un propósito que esperamos que nos sobreviva no solo a nosotros, sino también a nuestra generación. Esto empieza por ver nuestra inteligencia, nuestras capacidades y nuestros talentos no solo como herramientas para expandir nuestra influencia o riqueza, sino, sobre todo, como un medio para transformar a una persona, una situación o el mundo que nos rodea.

Pero ¿qué hacemos cuando sentimos que *tenemos* un propósito, pero saberlo no es suficiente para liberarnos del estrés y el sufrimiento?

Cumple tu propósito de vida desde un hermoso estado de conexión

Permíteme que te cuente la historia de un joven coreano que creó una empresa dedicada a mejorar la vida de los animales. Cuando acudió a nosotros se sentía deprimido, e incluso le rondaba por la mente la idea del suicidio, porque creía que estaba fracasando como líder.

Muchos pensamos que la causa de la infelicidad en el trabajo es la falta de propósito. Pero él tenía uno: siempre había querido usar la tecnología para mejorar la vida de los animales, y fue pionero en esta tecnología mientras aún estaba en la universidad.

O tal vez creamos que la infelicidad es consecuencia de no cumplir nuestro propósito en la vida. Pero su empresa tenía éxito, y estaba creciendo.

Puede que entonces pensemos que la causa de la infelicidad era un problema con la jerarquía corporativa. Pero nuestro estudiante no tenía ninguna queja en esa área.

Entonces, ¿cuál era la causa de su dolor? ¿Por qué se sentía fracasado a pesar de estar creando un negocio exitoso que iba en sintonía con su propósito? A medida que profundizaba con nosotros en su viaje nos fue contando más sobre su situación. Nos explicó que en los últimos cinco años habían decidido dejar la empresa casi un centenar de sus empleados. A base de mucha persuasión consiguió que se quedaran. Pero no estaba seguro de poder seguir reteniéndolos. Estaba cansado. Cansado de empujar, incentivar y persuadir.

Mientras hacía un viaje espiritual en la academia, se dio cuenta de que su agotamiento no se debía al trabajo en sí, sino a su estado interior. Por dentro era como un hombre que se había subido a una cinta automática y no podía bajarse: seguía intentando demostrarle a su padre su amor propio, tratando de no sentirse menos que los ejecutivos más inteligentes que se incorporaban a la empresa, procurando ganarse el respeto de los directores en cada reunión.

Vio que todos sus logros habían sido impulsados por el miedo a no estar a la altura. Era un ser humano desconectado que, en realidad, no sentía ningún respeto por sus empleados. Su relación con ellos era meramente transaccional.

A medida que avanzaba hacia su interior, este hombre despertó a un estado de gratitud por todos los empleados que apoyaban su crecimiento y su éxito.

A los nueve meses de su viaje de transformación, dijo que ya había un cambio en la corriente de la organización porque, poco a poco, había ayudado a llevar a todo el equipo a un espacio de mayor armonía.

Como revela esta historia, los estados estresantes pueden socavar incluso el compromiso más profundo con un propósito. Cuando lo que impulsa tu obra, tu carrera y tus metas es un estado de estrés, la carrera se convierte en una zona de guerra para el inconsciente destructivo.

En cambio, cuando lo que motiva tu obra es un estado de belleza, esta se convierte en un campo de juego para la inteligencia universal.

Tu estado de ánimo es como el caballo que arrastra un carro en la dirección que decide seguir. El carro podría ser tu carrera, tus relaciones en el trabajo o el impacto que estás teniendo en todo el ecosistema.

Tus estados marcan el camino y tu vida lo sigue.

¿Adónde te diriges?

Reflexionemos sobre algunas cuestiones esenciales: ¿Adónde te diriges? ¿Y qué te lleva hacia allí? ¿Desde qué estado diriges a tu equipo? ¿Desde qué estado dirige tu gerente a su equipo? ¿Cómo quieres que sea el ambiente de tu organización cada vez que, día tras día, atraviesas sus puertas? ¿Un estado de estrés o un estado de belleza? ¿Un estado conectado o un estado desconectado?

Por favor, haz una pausa. En este momento, ¿qué es lo que impulsa tus decisiones profesionales? ¿Estás haciendo caso a tu ansiedad? ¿Tu trabajo es un mero medio de supervivencia? ¿Lo dejarías en un santiamén si el dinero no fuera un obstáculo?

¿Estás dejándote guiar por la frustración y la ira? ¿Tu trabajo es una manera de realzar tu autoestima ante ti, tu pareja, tus padres, tus hermanos, tus enemigos o tus seguidores?

O tal vez lo que te mueva sea tu aburrimiento. ¿El trabajo es simplemente una forma de escapar del aburrimiento, una manera de matar el tiempo?

¿Qué es lo que te impulsa? ¿Adónde te diriges?

Por favor, contempla tu verdad interior sin resistirte a ella.

¿Qué reveló el último momento de reflexión? ¿Te estás dejando llevar por la alegría, la gratitud o la compasión? ¿O has dejado que el miedo y la ansiedad dirijan tu camino hacia la abundancia?

Cuando despiertas a la conciencia de la riqueza, disfrutas de todo el proceso de creación. Eres consciente del impacto que tu servicio está teniendo en la vida de los demás. Eres consciente del impacto que el trabajo y el servicio de los demás está teniendo en ti.

Porque, lo hayas pensado o no, *tiene* un impacto. Permíteme compartir contigo una historia que me contaron y que refleja esta poderosa verdad.

Un hombre iba un día conduciendo su coche. Tomó la misma carretera llena de curvas que tomaba siempre, pero esta vez su auto chocó contra una gran piedra que se había atravesado en el camino. Al chocar, se salió de la carretera, se estrelló y murió.

Pero la historia no termina ahí. Gracias a los milagros de la ciencia moderna, en la UCI lo revivieron, y cuando se despertó, era una persona completamente diferente.

¿Qué había pasado?

En esos momentos antes de ser reanimado, vio como toda su vida desfilaba ante sus ojos. La única diferencia fue que la vio desde fuera, desde las perspectivas de cada criatura viviente con la que había entrado en contacto.

Se vio a sí mismo como un niño pequeño golpeando a una cabra con un palo, pero esta vez experimentó el mismo malestar y dolor que la cabra. Se vio a sí mismo intimidando a otros niños en la escuela, pero esta vez fue su humillación y su miedo lo que sintió. Al ver que toda su vida se desarrollaba ante él como en una película en la que a menudo era el malo, quedó sumido en una gran tristeza.

«Siempre ha habido un muro entre los demás y yo —comprendió—. Y esa pared he sido yo».

Se hundió en un profundo estado de sufrimiento al reflexionar sobre su vida desperdiciada.

Entonces aparecieron ante él otra serie de recuerdos. Muchas mañanas mientras iba al trabajo por la misma zona rocosa en la que había perdido el control de su auto, había tortugas tratando de cruzar el camino. Él sabía que, si alguien no hacía algo, las tortugas morirían aplastadas por los coches que pasaban a toda velocidad. Por eso aparcaba el coche, recogía las tortugas y las soltaba al otro lado de la carretera; una vez hecho esto proseguía su viaje al trabajo.

Por supuesto, al recordar esto mientras yacía inconsciente, el hombre no solo se veía a sí mismo realizando este pequeño acto de bondad: era la tortuga que sentía como la cargaban, la cuidaban y la llevaban a un lugar seguro. En ese momento su corazón se abrió a la experiencia del amor. Se sintió profundamente conectado a la totalidad de la vida. Se dio cuenta de que cada vez que nos lastimamos unos a otros, lastimamos todo el tejido de la vida. Cada vez que nos amamos y cuidamos los unos de los otros, nutrimos ese tejido.

En el momento en que fue consciente de ello, fue arrastrado de vuelta a su cuerpo. Supo inmediatamente que le quedaba otra vida por vivir, una experiencia diferente que ofrecer al mundo.

Aunque las transformaciones de conciencia que las personas experimentan al visitar nuestra academia son únicas, muchos estudiantes han compartido con nosotros percepciones que son notablemente similares a la experiencia cercana a la muerte de este hombre. Cuando la gente tiene una experiencia directa de un estado expandido de conciencia, es frecuente que toda su percepción del mundo se transforme.

Por primera vez, han tenido una comprensión mucho más amplia de sus vidas, del efecto dominó de sus acciones y de la rica red de vida que nos sostiene y nos mantiene a todos.

Despierta a la interconexión

Vivimos en un mundo interconectado.

Nuestras acciones son importantes.

Se ha necesitado el trabajo y los conocimientos de millones de personas a lo largo de muchos años para que tú y yo podamos vivir con comodidad. Tú y yo no podríamos disfrutar de una buena comida si no fuera por el esfuerzo denodado de millones de personas. ¡Y cada uno de nosotros es uno de esos millones de seres que mantienen vivo el mundo! Cada mañana, cuando salimos de casa para ir a trabajar, estamos sirviendo a una misión llamada «mundo en armonía».

Cada vez que escribes algo en tu Mac..., cada vez que te pones ese traje especialmente diseñado para realizar trabajos de laboratorio arriesgados..., cada vez que contemplas una nueva oportunidad de negocio..., cada vez que pasas a la página sesenta y tres para leer un poema a los estudiantes en tu aula..., cada vez que llevas a esos trescientos pasajeros a bordo a salvo a sus destinos deseados..., cada vez que participas en cualquiera de los miles de formas de trabajo que existen..., realmente estás ayudando al mundo a permanecer en armonía, y te vuelves extraordinariamente valioso para la sostenibilidad y armonía de esta hermosa tierra.

Cuando despertamos a este estado de interconexión, nuestra eficiencia se dispara. Disfrutamos de un gran éxito tanto a nivel personal como en nuestra contribución al éxito de cada miembro de nuestras organizaciones y del mundo.

Una de nuestras estudiantes era estilista en un salón de belleza. A menudo llegaba al final de la jornada en un estado de apatía, con la sensación de que su vida no tenía sentido. Entretenía a los clientes con su conversación amena, pero en el fondo se sentía vacía. ¿Por qué día tras día tenía esa misma sensación al teñir y cortar el cabello?

Tras pasar por uno de nuestros procesos, logró despertar a un profundo estado de amor. A consecuencia de esto, su manera de vivir el trabajo sufrió una transformación total. Hoy en día se conecta con los estados internos de sus clientes. Piensa en la alegría que siente durante días una madre soltera trabajadora después de hacerse un peinado. Reflexiona sobre la confianza que siente un adolescente en su primer día en la universidad cuando llega luciendo una nueva imagen. Se conecta profundamente con sus clientes. Lo que comenzó como una carrera para sobrevivir se ha convertido ahora en un acto consciente de amor para influir positivamente en la gente.

Pero no se ha detenido ahí. La verdad es que deseaba ampliar su papel para que fuera más allá del de estilista, y en parte su insatisfacción era una llamada de atención que le decía que quería algo más. Su experiencia también le proporcionó el coraje que necesitaba para lanzar su propia línea de productos respetuosos con el medioambiente.

Cuando elegimos un camino consciente de creación de riqueza, despertamos al amor por las personas con las que trabajamos y por aquellas a las que afectamos con nuestro trabajo. Nuestro corazón debe despertar. Porque si no nos importa lo que siente el otro, podemos estar a su lado y trabajar codo con codo, pero en el fondo nos sentiremos solos y atrapados en nuestros estados estresantes. Es solo cuando nos sentimos conectados con otro cuando experimentamos sentimientos de seguridad, protección y cariño.

Tal vez aún tengas dudas sobre si el estado de conexión lo es todo. Si es así, no eres el único.

«¿Por qué es importante conectarse con otro ser humano?», fue una pregunta que nos hizo un estudiante en su primer día en la academia.

Scott era joven y tenía éxito. A la edad de treinta y dos años ya había alcanzado un puesto directivo muy alto en su organización.

Se consideraba un hombre hecho a sí mismo. «Puedo conectar con esta mesa de aquí, con mi coche favorito, con mis habilidades y destrezas personales –continuó–. ¿Por qué debería depender de un ser humano que puede cambiar en cualquier momento? Solo confío en mí, en mi capacidad y en las cosas que amo».

Más tarde, ese mismo día, mencionó que había venido a nuestro campus porque se sentía perdido en la vida. Casi todos los días se despertaba haciéndose tres preguntas:

1. «¿Cuál es el sentido de seguir poniendo mi energía y creatividad en esta organización?».
2. «¿Por qué estoy haciendo todo esto?».
3. «¿Y por el bien de quién lo estoy haciendo? Al parecer, el equipo al que he dedicado tanto tiempo ya no me necesita».

Conforme Scott se adentraba en su interior, fue descubriendo que todas las heridas que había sufrido a lo largo de los años le habían hecho adoptar una postura defensiva. Vio que la forma en que se aferraba a su decepción con los demás era una manera de desconectarse de ellos.

¿Quería ser una persona desconectada durante el resto de su vida? Cuando tomó la decisión de dejar ir su enojo y sus decepciones, comenzó a cambiar su percepción de sí mismo y de su vida. Ya no podía verse como alguien hecho a sí mismo. Comenzó a pensar en las muchas personas que habían desempeñado un papel en su ascenso. Reflexionó sobre las numerosas formas en que su equipo lo apoya a través de actos de mayor o menor importancia.

A medida que su conciencia se fue expandiendo, sintió como arraigaba en él un profundo deseo de lograr que su equipo y su organización estuvieran más contentos.

Seis meses después de que terminara su curso en la India, Scott nos dijo que había redescubierto su propósito. «Ahora es una alegría ir a trabajar y cultivarlo —afirmó—. Es como si mi cerebro hubiera entrado en un espacio de creatividad. Las sincronicidades abundan a mi alrededor».

Si sientes que has perdido tu propósito, es muy posible que se trate de una pérdida de conexión. Al despertar a un estado de conexión sincera, inevitablemente te volverás más consciente de tu propósito. Comprenderás lo que de verdad significa cooperar.

¿Por qué es necesaria esta clase de conexión sincera en las organizaciones?

¿Y cómo pueden cultivarla los líderes?

La conexión sincera no consiste solo en una actitud o en una actividad que realizas con alguien. Es un estado de conciencia en el cual ves tu bienestar como inseparable del bienestar de los demás. Hay un impulso natural de aumentar la alegría y el bienestar de todos los que te rodean.

Quizá algunos de los que sois un poco mayores que nuestro amigo Scott os estéis preguntando: «¿Por qué hacer este cambio ahora después de todos estos años? ¿Es realmente necesario?».

En nuestro trabajo, Preethaji y yo hemos tenido la oportunidad de ver el funcionamiento interno de las organizaciones en todos los niveles —desde parejas y familias hasta pequeñas empresas e instituciones, pasando por grandes multinacionales, movimientos y naciones—, y como líderes reconocemos el valor de los sistemas progresivos e inteligentes.

Pero no importa qué tipo de sistema se cree y qué tipo de reglas se apliquen, mientras la conciencia de los individuos que componen el sistema siga siendo limitada, nunca podrán alcanzar su visión. La conciencia de alguien obsesionado consigo mismo se impondrá al sistema externo más eficiente. Es por eso por lo que cualquier líder que pretenda causar un impacto extraordinario en el mundo ha de centrarse en la transformación.

Y como muchos de nuestros estudiantes en posiciones ejecutivas nos han contado, cuando se comprometen a transformar su conciencia, los miembros de sus organizaciones empiezan a seguir el ejemplo. En marcado contraste con forzar el cumplimiento de algunas nuevas técnicas de gestión, el acto de crear una organización verdaderamente consciente consiste en tu forma de estar en el mundo: tu capacidad de disolver los estados de sufrimiento para poder actuar con decisión, tu deseo de conectar con el bienestar de todos los miembros de tu organización y de crear un impacto beneficioso para el conjunto de ella.

La mayoría de los líderes hablan de lo que quieren hacer por la Tierra, pero apenas dicen nada sobre su estado interior. Sin embargo, a menos que haya una revolución fundamental en nuestra conciencia, de la división a la unidad, de la separación a la conexión y del sufrimiento a un estado de belleza, ¿cómo podemos establecer una visión clara para el futuro de la humanidad?

Sin una revolución fundamental en nuestra conciencia, todas las resoluciones, decisiones y cambios son puramente cosméticos; no dan un verdadero fruto y tienden a colapsar en conflictos posteriores. Recuerda siempre: primero la conciencia, luego la decisión y la acción.

Nos encontramos en un punto crucial de la historia de la humanidad en el que podemos llevar nuestra evolución colectiva al siguiente nivel o abocarnos a nosotros mismos y a otras formas de vida a la destrucción y la extinción.

El poder está ahora en cada uno de nosotros. El destino de nuestras generaciones futuras y de las muchas formas de vida en la Tierra depende de esta evolución de la conciencia. ¿Vas a dejar que tu conciencia degenere hacia el sufrimiento, la separación y el aislamiento, o a evolucionar conscientemente hacia un estado de belleza?

¿Qué prefieres?

Ejercicio de sincronización del alma: conviértete en un creador consciente de riqueza

Independientemente de que tu deseo sea trascender tu estado nadie, encontrar un trabajo que te brinde mayor satisfacción y te parezca más importante, profundizar el impacto del trabajo al que te dedicas o manifestar una gran abundancia para ti, tus seres queridos o una causa que deseas apoyar, la sincronización del alma puede ayudarte a adoptar con una mayor confianza el papel de creador consciente de riqueza.

Repite los primeros cinco pasos de la meditación de la sincronización del alma como se describe en la página 47.

Cuando llegues al paso seis, imagínate o siéntete como alguien que experimenta un estado hermoso de calma y coraje. Contémplate a ti mismo viviendo con enorme entusiasmo y mejorando la vida de quienes te rodean. Siente un inmenso flujo de abundancia en tu vida.

Imagina lo que esto significaría para ti, tus seres queridos y el mundo.

Epílogo
Preguntas y respuestas sobre nuestra academia
Krishnaji

Pregunta: *¿Cuál es vuestra visión de la felicidad y la riqueza?*

Respuesta: Para nosotros el éxito, tener una buena relación, los logros y la fama no lo son «todo» en la vida.

Tampoco es el «fin» alcanzar un elevado estado de conciencia. Pasar a cualquiera de los dos extremos hará que la existencia se desequilibre. Es la fusión de los dos lo que le aporta belleza a la vida.

Para expresarlo de forma humorística, podríamos decir que «ser un Buda y conducir un Benz con tus seres queridos» describe lo que sería una vida plena. Con esto no estamos afirmando que todos debamos inclinarnos por el lujo, sino que podemos aprender a vivir en un hermoso estado de conciencia y acceder al poder de ese estado para crear prosperidad y amor para nosotros mismos, nuestros seres queridos y el mundo que nos rodea.

Los cuatro secretos sagrados tienen que ver con esta gran visión. Creemos que estas enseñanzas llevarán al surgimiento de creadores conscientes de riqueza, padres despiertos, parejas con corazón e individuos alegres que viven y funcionan desde un estado transformado de conciencia.

A nivel personal, Preethaji y yo tenemos una relación rica y satisfactoria tanto entre nosotros como con Lokaa, nuestra hija. Sentimos un profundo cariño y respeto por nuestros padres y nuestros suegros. Nos encanta ser mentores de nuestro equipo de profesores y de los miles de estudiantes de la academia. Estas relaciones y muchas otras son ricas, no por unos ideales y valores, sino por nuestro estado interior. El sufrimiento no echa raíces en nuestra conciencia.

Contamos con equipos increíbles y socios comerciales y directores ejecutivos de confianza que nos apoyan en la gestión de nuestros negocios, al tiempo que nos permiten llevar a cabo nuestra misión de transformar la conciencia humana. Y el universo ha sido muy benevolente al poner numerosas sincronicidades en nuestro camino. Todo esto está sucediendo no porque sigamos algunos principios secretos de gestión, sino como resultado de nuestro estado de conciencia.

El propósito de los cuatro secretos sagrados es brindar un rico estado interior y una rica vida externa, porque queremos hacer posible que todos tengan acceso a esta vida plena.

Pregunta: *¿Qué se aprende en vuestra academia?*

Respuesta: O&O Academy es una escuela de filosofía y meditación para la transformación de la conciencia humana que tiene su sede en la India. Ofrecemos cursos para personas de diferentes edades de todas las naciones en sus respectivos idiomas. Tenemos un plan de estudios que abarca varios niveles de aprendizaje y profesores que han dedicado sus vidas a generar esta transformación en los estudiantes.

Por supuesto, en un principio la mayoría de los estudiantes entran en contacto con la academia fuera de la India. Preethaji viaja a las principales ciudades del mundo, ofreciendo Campo de abundancia,[*] un evento espiritual de cuatro días, y asimismo enseña eventos *online* de dos días: Fuente & sincronicidades y ser ilimitado.[**]

Para más información sobre nuestros cursos, podéis visitar www.oo.academy.

Pregunta: *¿Qué atrae a la gente a vuestra academia?*

Respuesta: Los antiguos sabios de la India nos exhortan a convertirnos en *dwijas*, o los dos veces nacidos, lo que significa ser individuos despiertos con una conciencia transformada: aquellos que se liberan del condicionamiento limitante ofrecido por la vida y despiertan a una conciencia ilimitada en términos de su potencial.

¿Todo el mundo puede lograr ese despertar? Sí. Todas las culturas ancestrales hablan de profundos viajes espirituales. Muchas de ellas han dejado para la posteridad

---

[*] Field of Abundance. (N. del T.)
[**] Source & Synchronicities and Being Limitless. (N. del T.)

los secretos de esos periplos en forma de símbolos, mitología, arte sagrado y arquitectura. Piensa por un momento en el regreso de Odiseo a Ítaca tras la caída de Troya, la inmersión de Jonás en el vientre de la ballena, la crisis de fe de Arjuna mientras se preparaba para la guerra o el mito chino de la serpiente que entró en una cueva oscura y emerge a la luz del día como dragón. Esas historias no son meros entretenimientos; son planos para la transformación y contienen una poderosa sabiduría.

Los ritos de iniciación han sido fundamentales para la evolución de muchas culturas y, sin embargo, muchos de nosotros hemos perdido la conexión con el poder transformador y sanador de estas pruebas de fuego. Cuando ocurre un desastre o cuando la vida se va volviendo poco a poco amarga y decepcionante –por la muerte de un padre, la pérdida del amor, la desaparición gradual de un sueño–, sentimos el mismo sufrimiento que los seres humanos han soportado desde el principio de los tiempos. Pero a pesar de todos nuestros impresionantes avances tecnológicos, la sociedad moderna no nos ha dado las herramientas necesarias para salir de estas crisis con el elevado estado de conciencia que necesitamos para el siguiente capítulo de la vida.

Nuestros procesos están diseñados para ayudar a la gente a avanzar más armoniosamente a través de cada etapa de la vida y despertar el potencial de transformación profunda que todos poseemos. A menudo decimos que el currículo que enseñamos en la academia y a través del cual guiamos a nuestros alumnos los transforma en individuos que pueden liberarse del giro indefenso y aleatorio de la rueda de la fortuna y crear un nuevo destino para sí mismos. Las prácticas que compartimos te ayudarán a ver tu vida, tus relaciones y tus hábitos con una nueva perspectiva.

Hemos ayudado a cientos de miles de personas desde que abrimos las puertas de nuestra academia, no solo a responder preguntas fundamentales de la vida, sino a vivir como casi ninguna de ellas creía posible. Enseñamos a estudiantes de doce años y de ochenta y uno. Los hay que vienen de Corea del Sur, del norte de California o de cualquier otro rincón del globo.

Algunos tienen un sueño que esperan realizar o una experiencia dolorosa que quisieran dejar atrás. Otros se enfrentan a grandes preguntas: «¿Qué significa amarse verdaderamente a sí mismo o a los demás?», «¿Qué es estar realmente vivo?», «¿El universo tiene conciencia?», «¿Tengo el poder de alterar el curso de mi vida?».

Los hay que se enfrentan a grandes decisiones: «¿Debería mantener una relación o no?», «¿Mudarme a una nueva ciudad?», «¿Dejar mi trabajo por una oportunidad emocionante pero incierta?».

Otros, en cambio, son buscadores espirituales que se esfuerzan por liberarse totalmente del sufrimiento y de la ilusión de la separación.

También hay buscadores que vienen a la academia con la esperanza de tener una experiencia directa de la inteligencia universal o de la fuente.

La gente acude a nosotros por muchas razones diferentes, pero todos tienen en común el ser buscadores que anhelan algo que parece estar ligeramente fuera de su alcance. Cada uno de ellos tiene su propia versión de la misma pregunta básica: «¿Cómo puedo alcanzar ese objetivo tan elusivo?». Por supuesto, estas no son preguntas que podamos responder por nadie, pero sí que te ayudamos a encontrar las respuestas por ti mismo. Son cuestiones que te ayudamos a responder mediante ideas brillantes, poderosos procesos místicos y meditaciones sencillas.

Pregunta: *¿Qué opinas de Dios?*

Respuesta: Dios es una experiencia subjetiva. Cada individuo tiene una definición diferente de Dios. Ayudamos a los buscadores a entender su idea de Dios. A partir de ahí, *Dios* deja de ser solo una palabra para ellos.

Y dependiendo de la cultura de cada uno, algunos experimentan esta presencia como un ser con el que tienen una relación personal, mientras que otros experimentan la inteligencia universal como amor, benevolencia y poder. Cuanto más tiempo vivimos en estados de belleza, mayor es nuestra conexión con la inteligencia universal que fluye en nuestras vidas. Hay numerosos procesos en la academia diseñados para ayudar a la gente a despertar a esta presencia.

Pregunta: *Entonces, ¿qué es la conciencia?*

Respuesta: La conciencia es todo lo que existe. No hay nada que no sea conciencia. Tú también eres parte de ella. Tú estás en ella. Eres conciencia. La conciencia es tanto lo que es comprensible para la lógica como lo que está en la esfera de lo místico. La conciencia es la materia y nuestra vivencia de esa materia. Siento que esto suene tan Nueva Era. En realidad, las palabras son una pobre representación de lo místico; sin embargo, podríamos explicarlo de la siguiente manera: si el amanecer fuera el aspecto físico de la conciencia, su belleza y esplendor, o la ausencia de estos, sería el aspecto experiencial de esa conciencia. Digamos que tu bebé recién nacido es el aspecto físico de la conciencia; el sentimiento de amor o la preocupación por la responsabilidad que sientes al sostenerlo en tus brazos sería el aspecto experiencial de la conciencia.

El universo que experimentamos a través de los cinco sentidos es el aspecto físico de la conciencia, mientras que tu experiencia interna subjetiva de este universo es la dimensión experiencial. La ciencia se ocupa predominantemente de la exploración del aspecto físico de la conciencia, mientras que la espiritualidad auténtica trata de la exploración y transformación de la dimensión interna o experiencial de la conciencia. La esencia fundamental de la transformación es pasar de un estado autoobsesivo que llamamos conciencia egoica a la conciencia de unidad.

Pregunta: *¿Puedes hablarnos más acerca de los estados de conciencia egoica y de conciencia de unidad a los que te acabas de referir?*

Respuesta: Si nos fijamos en los antiguos mitos del mundo —tanto de Oriente como de Occidente—, vemos que nos hablan de una guerra. Una guerra entre los dioses y los demonios. Entre la luz y las tinieblas. En estas historias a veces ganan los dioses, a veces ganan los demonios.

En algunas ocasiones la guerra se está librando en los cielos; en otras tiene lugar en la tierra o en una especie de inframundo. Pero ¿qué es esta guerra? ¿Y dónde se está librando realmente? Esta guerra tiene lugar en nuestra conciencia.

Para nosotros la conciencia es un espectro. En un extremo está lo que llamamos conciencia egoica y en el otro, la conciencia de unidad.

La conciencia egoica es cuando el pensamiento comienza a girar obsesivamente alrededor de nosotros mismos. El pensamiento comienza a fijarse en *yo*, *yo*, *yo*...: nuestras preocupaciones, nuestra ansiedad, nuestra rectitud, nuestros placeres, nuestros deseos. Es un estado de ensimismamiento. Este extremo del espectro de la conciencia es el caldo de cultivo para los estados internos destructivos como la insatisfacción, la ira, el odio, el miedo, el dolor y el deseo de controlar y dominar. La conciencia egoica es la dinámica de todos los estados de sufrimiento. Nuestro sentido de quienes somos se vuelve extremadamente limitado. Si contempláramos nuestra identidad como un círculo, en la conciencia egoica, no existirían ni nuestras familias, ni nuestros hijos, ni nuestros amigos. No existe nada. La verdad es que cuando estamos atrapados en estados de sufrimiento no nos importa nadie. Es una existencia muy estrecha y limitada; una existencia dolorosa. En este estado todo se encoge. Nuestra creatividad se agota, la capacidad y la riqueza disminuyen y las relaciones se vuelven frágiles. Nos sentimos como si el universo estuviera en nuestra contra.

Desde la conciencia egoica, actuamos inconsciente e impulsivamente con acciones que traerán dolor y pérdida para nosotros y para los demás.

Cuando damos el salto gigante de la conciencia egoica a la conciencia de unidad se produce una transformación total en nuestras vidas y una verdadera revolución en nuestra conciencia. En términos sencillos, la conciencia de unidad consiste en experimentar un profundo sentido de conexión con nosotros mismos y con toda la vida. Nuestro sentido de la identidad nos incluye a nosotros y a los demás, a nosotros y a la naturaleza, a nosotros y a la Tierra, a nosotros y al universo mismo. En la conciencia de unidad nuestro sentido de nosotros mismos aumenta y se expande progresivamente hasta que no hay circunferencia. Nos volvemos ilimitados e infinitos.

La conciencia de unidad no es un estado específico; es un estado en expansión. En este estado tendemos a crear un campo de energía de gran armonía y poder a nuestro alrededor, que atrae grandes coincidencias y magia a nuestra vida. Generamos una inteligencia que puede superar los desafíos que nos atenazan, un amor que puede curar cualquier dolor, una riqueza con la que puedes ayudar a más gente de la que nunca imaginaste. Y lo que llamamos despertar o iluminación es alejarnos de la conciencia egoica y acercarnos a los diversos planos de la conciencia de unidad.

Pregunta: *¿Qué es el despertar?*

Respuesta: El viaje de evolución en la conciencia ha sido llamado iluminación, *zazen*, *satori*, *mukti*, despertar, autorrealización y de otras muchas formas. Para simplificar, utilizaremos el término *despertar*. Porque todos nuestros estados de sufrimiento —ya sean de tedio existencial, miedo, ira o tristeza— son pesadillas: como terribles sueños que tienes mientras estás despierto.

¿Recuerdas haberte despertado de una pesadilla? Tardamos algún tiempo en darnos cuenta de que lo que estábamos soportando era una pesadilla y no la realidad. Cuando finalmente despertamos, sentimos un gran alivio.

Para los antiguos todos esos estados sufrientes impulsados por la separación eran pesadillas que teníamos estando despiertos y de las que debíamos despertar. Cuando despertamos del todo, sonreímos con la alegría de la realización. Y nos abrimos a los tres planos progresivos de la conciencia de unidad: estados de conciencia hermosos, trascendentales e iluminados.

Despertar consiste en pasar de la conciencia egoica a la conciencia de unidad.

En otro momento hablaremos más sobre ello.

Pregunta: *En el libro, solo leemos sobre estados de belleza. ¿Cuáles son los otros dos planos de los que hablas? ¿Y no hay solo dos estados de conciencia: estado de sufrimiento y estado de belleza?*

Respuesta: Es cierto que solo vivimos en dos estados: un estado de sufrimiento y un estado de no sufrimiento. No hay un tercer estado.

Si observamos el sufrimiento mismo, lo vemos como estados desagradables de aburrimiento, enojo, indiferencia o tensión. El sufrimiento también puede intensificarse en estados de insatisfacción, ira, miedo, inseguridad, tristeza o soledad, y convertirse en estados obsesivos de aburrimiento existencial, desesperación, depresión, odio o desaliento.

Cuando se trata de estados de no sufrimiento, de nuevo hay una escala. Los categorizamos en tres grandes planos de experiencia: estados hermosos, estados trascendentales y estados iluminados. En cada uno de estos planos de conciencia, sientes la vida de una forma diferente. La conciencia es un mar de orillas infinitas. En este libro elegimos hablar de una orilla: el estado de belleza. Hablemos muy brevemente de los tres planos.

Los estados hermosos de conciencia no son estados emocionales extremadamente elevados. Son estados que se caracterizan por la ausencia de ruido interno de pensamiento conflictivo. En los estados de belleza experimentas un mayor sentido de conexión contigo mismo, con los demás y con el mundo. Estás presente en la vida. La calma, la conexión, el amor, la compasión, la alegría, la serenidad, el afecto, la gratitud y el coraje son estados de belleza. Todos podemos vivir la mayor parte de nuestras vidas en un estado hermoso. Cuando nuestros cerebros, el resto de nuestros cuerpos y nuestra conciencia pasan por esta transformación, aunque surja el sufrimiento, podemos superarlo rápidamente y regresar a un estado de belleza.

El éxtasis, la bienaventuranza, el amor universal, la paz, la ecuanimidad y la valentía son estados trascendentales que no tienen una duración prolongada. Cuando nos elevamos a estados trascendentales, nos convertimos en testigos del movimiento de la vida. Estamos fluyendo con ella. Comprendemos que los árboles, la tierra, los seres humanos y todas las formas de vida fluyen hacia nosotros y nosotros hacia ellos. Somos inseparables de la totalidad de la vida. Estos son estados extraordinarios que se experimentan en meditaciones y procesos profundos. En los estados trascendentales despertamos a la dimensión mística. Por eso al alcanzar estos estados algunos tienen visiones trascendentes o experiencias extrasensoriales. En la academia, notamos que a menudo estos estados intensos producen transformaciones que nos cambian la vida.

En el estado iluminado de conciencia, despiertas a la unidad, superando la dualidad de materia y conciencia, sagrado y no sagrado, tú y el otro, divino y humano, sufrimiento y placer. Se sabe que los estados de iluminación dejan una huella permanente en la conciencia humana.

Habiendo presenciado tales estados, ¿no pasaría nuestra experiencia de la vida cotidiana por un cambio radical? Viviendo en la conciencia egoica, somos como individuos decrépitos que solo suspiran amargamente al ver la imagen de una hermosa playa colgada en la pared de nuestra casa. Cuando vamos más allá de esa conciencia egoica y exploramos los planos más profundos de la conciencia de unidad, somos como aventureros explorando las bellezas de los mares profundos. Estamos realmente vivos, libres de la tiranía de los estados de sufrimiento. La vida se vuelve más lúdica y al mismo tiempo profundamente sagrada.

Todos los seres humanos del mundo están dotados de un cerebro que tiene el potencial de experimentar estos planos de conciencia. Y nuestro compromiso en la academia es despertar a la humanidad del sufrimiento y llevarla a estos magníficos estados.

Pregunta: *¿Qué es el campo sin límites? En las páginas de este libro encontramos referencias a este concepto que aluden a experiencias personales.*

Respuesta: El campo ilimitado es un medio para experimentar estados de conciencia trascendentales e iluminados.

Permíteme explicarte lo que quiero decir con esto. Uno de los dilemas más conocidos de la física cuántica es si el electrón es una partícula o una onda.

Cuando vemos el electrón como partícula, lo vemos como si se encontrara en un solo lugar.

Cuando lo vemos como onda, significa que carece de una localización específica y que influye sobre un espacio mucho más amplio.

De manera similar, cada uno de nosotros puede verse como individuos centrados en un cuerpo con un cierto conjunto de recuerdos y experiencias de vida. Esto es un poco como vernos a nosotros mismos como partículas.

También podemos vernos a nosotros mismos como ondas que ejercen un efecto sobre quienes nos rodean.

Nuestra conciencia tiene la capacidad de crear un campo de energía a nuestro alrededor, todos lo hemos percibido. Sabemos que cuando estamos con algunas personas sencillamente nos sentimos más tranquilos y alegres. También es probable que hayamos experimentado la sensación de incomodidad cuando estamos cerca de alguien que está consumido de rabia u odio.

Dependiendo de nuestro estado de conciencia, generamos un campo a nuestro alrededor.

Si estás en un estado de belleza, un estado de amor, compasión, alegría o serenidad, se genera un campo a tu alrededor. Este campo influye en quienes te rodean aunque no pronuncies ni una palabra; eso se debe a que no eres una experiencia localizada en el cuerpo. Eres la conciencia.

Krishnaji y yo hemos disfrutado desde hace mucho tiempo este don sagrado: el don de ser capaces de entrar a voluntad en los más grandes estados iluminados de no dualidad. Desde este estado superior que los antiguos llamaban *ekam*, donde no existe separación, se genera un inmenso campo de conciencia. Cuando entras con nosotros en el campo ilimitado, estás entrando en un campo inmensamente poderoso que puede influir en ti a través del espacio.

Cuando los buscadores espirituales entran en el campo ilimitado, este influye en sus estructuras neurales y su composición química neural y despiertan a poderosos estados de conciencia.

El campo ilimitado es un espacio en el que no existe esfuerzo; es la esfera en la que las cosas suceden.

Pregunta: *Al principio del libro, nos hablaste sobre el proceso de construcción de Ekam, una gran estructura cuyo propósito es ayudarnos a experimentar el despertar. ¿Puedes explicar algo más sobre Ekam y su arquitectura?*

Respuesta: El término *ekam* se refiere al estado más elevado de conciencia no dual que es posible experimentar mientras se está en el cuerpo humano.

Ekam es una central de energía mística que ha sido creada para tres propósitos sagrados:

1. Es un espacio donde individuos de todas las creencias y orígenes pueden conectarse con la inteligencia universal y desarrollar su sentido de la intuición para emplearlo en las decisiones importantes de su vida. Es una morada del poder divino.

2. Ekam se encuentra en un terreno muy especial. Se sabe que meditar aquí ejerce una influencia en los centros de energía psíquica y permite que las energías cósmicas penetren en la conciencia humana. Los procesos que creamos están diseñados para conducirte a estados iluminados de conciencia. En Ekam la gente experimenta la trascendencia más elevada.

3. Ha sido erigido siguiendo los principios ancestrales de la construcción mística para actuar como un amplificador. Cuando miles de personas se reúnen para meditar en Ekam, esto puede llevar a un cambio profundo en la conciencia humana hacia la paz.

Ekam es uno de los mejores ejemplos de la arquitectura sagrada contemporánea, donde cada puerta, cada ventana y cada diseño del suelo tienen un significado esotérico; todos ellos resuenan y amplifican las energías curativas sagradas de la Tierra y el universo.

La estructura de Ekam en sí misma es un fenómeno: puede afectar y elevar tu conciencia hasta las dimensiones trascendentales. Al meditar y participar en los procesos en este centro, entras en un poderoso campo que te guía hacia la unidad. Tanto la estructura de Ekam como los procesos que compartimos allí fueron diseñados para llevar a los meditadores a una conciencia despierta con objeto de que puedan ejercer una mejor influencia en el colectivo humano.

Ekam organiza tres festivales anuales principales: el Festival de la Abundancia, el Festival de la Paz Mundial y el Festival de la Iluminación.

Hablemos del Festival de la Abundancia de Ekam, que se basa en un principio básico. Una de las falacias fundamentales de las que inconscientemente caemos presa es esta: creemos que la vida se mueve en una secuencia lineal de causa y efecto.

Das por hecho que si encuentras a tu media naranja, tu vida se llenará de amor. Que si alcanzas el éxito, te sentirás satisfecho. Que si sigues la dieta adecuada, podrás relajarte. Pero nuestra vida se parece más al mundo subatómico, donde el efecto precede a la causa.

Descubre el amor y tu media naranja aparecerá. Siéntete satisfecho y tendrás éxito. Entra en un estado profundo de relajación y tu cuerpo adelgazará o engordará según lo que necesites.

El universo en el que vivimos se rige por muchas leyes sagradas de las que la gran mayoría de la humanidad no es consciente.

Pregunta: *¿Qué es el Festival de la Paz Mundial de Ekam? ¿Cómo puede participar gente de todo el mundo?*

Respuesta: Analicemos por un momento lo que la paz significa para cada uno de nosotros.

La imagen que se nos viene a la mente a la mayoría de nosotros, cuando pensamos en la paz, es la de hombres vestidos con trajes de color gris oscuro dándose la mano y acordando la prohibición de los armamentos nucleares o firmando pactos contra el terrorismo internacional. Naturalmente, esta es una forma de hacer la paz. Sin embargo, esta imagen mantiene la ilusión de que en el logro de la paz mundial la mayoría somos meros espectadores, no creadores activos.

Pero ¿lo somos? Examinemos más detenidamente esta cuestión. ¿Puedes responder con sinceridad a las siguientes preguntas?:

- ¿Alguna vez has sufrido maltrato emocional o físico en tu vida?
- ¿Has sufrido los efectos de la división o separación en algún momento de tu vida?
- ¿En alguna ocasión has sufrido los efectos de un conflicto creado por otros?

Todo el que ha sufrido maltrato por parte de sus padres conoce el valor de la paz. Todo el que ha atravesado un divorcio o una separación dolorosa conoce el valor de la paz. Todo el que ha sido víctima de la discriminación en el trabajo, en casa o en la escuela conoce el valor de la paz.

Por lo tanto, no es un asunto que deba dejarse exclusivamente en manos de los líderes y mediadores mundiales.

Recordemos que nuestras conciencias están conectadas. Lo que sucede en la conciencia individual de cada persona será amplificado y reflejado en el colectivo como una posible guerra o violencia. Tu despertar a la paz y tu meditación para la paz de todos los seres vivos es fundamental para que el mundo avance hacia la paz.

La paz no es una virtud cultivada; es un estado del ser, un hermoso estado interior.

Entonces, ¿cómo ponemos fin a nuestro estado interior conflictivo y manifestamos un mundo exterior pacífico? ¿Cómo podemos realmente transformarnos a nosotros mismos, a nuestras familias y a nuestras comunidades?

Primero analicemos los enfoques más habituales. ¿Cuánto éxito hemos tenido en la creación de una sociedad armoniosa a través de la educación moral (un enfoque basado en valores), la educación religiosa (un enfoque basado en creencias) o la razón (un enfoque centrado en la comprensión de los beneficios o pérdidas comunes)?

¿Pueden resolverse los conflictos únicamente a través de la educación?

¿Se puede lograr la transformación solo a través del cultivo de la virtud? Aunque por medio de la razón o la virtud se logran algunas reformas momentáneas, para que se produzca una transformación duradera, hay que abordar la causa fundamental de la guerra y la violencia. Y, en la mayoría de los casos, en el origen de cada caso de violencia y guerra se encuentra un estado de sufrimiento, lo que provoca que uno se entregue a la crítica y a la acción destructivas.

Transformar nuestro estado interior es el camino más seguro hacia una paz sostenible.

Es por eso por lo que el Festival de la Paz Mundial de Ekam no es activismo por la paz. Es un movimiento de conciencia para la paz que se celebra cada año en el mes de agosto. Además de los miles de personas que viajan a Ekam, pacifistas de todo el mundo se conectan cada noche por Internet para participar en una meditación colectiva sobre diversos aspectos de la paz, que van desde la tolerancia religiosa hasta la bondad hacia los animales, pasando por el fomento de un profundo respeto por las mujeres y los niños, el fin de la explotación económica, y la promoción de la armonía racial. En el undécimo día, más de un millón de personas de todo el mundo se conectan a Ekam, donde meditamos colectivamente por la paz mundial. Ekam está en una posición única para esta celebración, porque actúa como un amplificador y tiene un impacto en la conciencia humana.

Pregunta: *¿Qué es el Festival de la Iluminación de Ekam? ¿Cómo puedo participar?*

Respuesta: Permitidme comenzar mi respuesta planteando otra pregunta: ¿cuántos estados de iluminación hay?

Nuestros cerebros tienen más de mil millones de neuronas con mil billones de conexiones neuronales. Así que, técnicamente, ¡podemos experimentar mil billones de estados diferentes de iluminación!

Sin embargo, si observamos la forma en que las diferentes culturas han hablado sobre los estados expandidos de conciencia a lo largo de la historia, podríamos resumir estas infinitas experiencias únicas en cinco estados de iluminación clásicos.

Preethaji y yo diseñamos el Festival de la Iluminación de Ekam de manera que puedas experimentar estos cinco estados. Esta celebración de siete días, celebrada en el mes de diciembre, atrae a Ekam a apasionados buscadores de más de sesenta países.

Pero el festival no es solo una aventura única en la vida: estos estados transformarán la química de tu cerebro, creando nuevos circuitos neurológicos para que puedas regresar a estos estados de felicidad una y otra vez en tus sueños y durante tus horas de vigilia.

Las experiencias por las que te guiaremos te transformarán en un auténtico y apasionado buscador de la forma iluminada de ser. Cuando estés de vuelta en el mundo y tengas momentos de confusión y conflicto, sabrás que hay un espacio en tu conciencia que la turbulencia no puede alcanzar. Cuando estés abrumado por un estado de sufrimiento, sabrás que en la conciencia hay un estado donde toda la existencia es felicidad. Cuando experimentes el dolor de la separación, sabrás que hay un espacio en la conciencia donde el otro es inseparable de ti.

Y cuando, de vuelta en el mundo, te sientas solo o te enfrentes al miedo a la muerte, sabrás que hay un espacio en la conciencia donde todo es Uno y tú eres el Uno.

Pregunta: *¿Cómo me conecto con las meditaciones mencionadas en este libro?*

Respuesta: Puedes practicar con nosotros diariamente. Visita www.breathingroom.com para descargar nuestra aplicación y acceder, entre otras, a las meditaciones de *Los cuatro secretos sagrados*. Utiliza el código «soul sync» para acceder a tu oferta especial.

Agradecimientos

La gratitud es una expansión de la conciencia; es una conciencia de lo sagrado de la vida. Cuando reflexionamos sobre nuestras vidas, vemos en cada experiencia el amor y la dedicación de muchas personas.

Por lo tanto, nos resultaría imposible mencionar los nombres de todos los que han hecho posible este libro.

Sin embargo, quisiéramos dar las gracias a Sarah Rainone por ayudarnos a elaborar el texto de este libro, y a nuestra editora, Michelle Herrera Mulligan, de Atria Books, por su trabajo para dar forma definitiva al libro. Y finalmente, un agradecimiento especial a todas las personas cuyas experiencias hemos compartido en estas páginas.

Notas

1. Jennifer Read Hawthorne, «Change Your Thoughts, Change Your World» [Cambia tus pensamientos, cambia tu mundo], 2014, https://jenniferhawthorne.com/articles/change_your_thoughts.html.
2. Dr. Andrew Newberg y Mark Robert Waldman, *How God Changes Your Brain* [Cómo cambia Dios tu cerebro] (New York: Ballantine, 2009), 20.
3. Seth Porges, «The Science of Breathing» [La ciencia de la respiración], Forbes, 28 de noviembre de 2016, https://www.forbes.com/sites/sethporges/2016/11/28/the-science-of-breathing-how-slowing-it-down-makes-us-calm-and-productive/#-42096f5a4034.
4. Dr. Andrew Newberg y Mark Robert Waldman, *How God Changes Your Brain* [Cómo cambia Dios tu cerebro] (New York: Ballantine, 2009), 33.
5. Prathima Parthim Bose, «Humming Bee; Normal Breathing» [Zumbido de abeja; respiración normal], *The Hindu*, 7 de enero de 2015, https://www.thehindu.com/features/metroplus/fitness/wellness-humming-bee-normal-breathing/article6764389.ece.

6. Sri Ramakrishna, *Tales and Parables of Sri Ramakrishna* [Cuentos y parábolas de Sri Ramakrishna] (Chennai: Sri Ramakrishna Math, 2007).

7. Rick Hanson, «How to Grow the Good in Your Brain» [Cómo cultivar el bien en tu cerebro], *Greater Good Magazine*, 24 de septiembre de 2013, https://greatergood.berkeley.edu/article/item/how_to_grow_the_good_in_your_brain.

∞

Acerca de los autores

Preethaji y Krishnaji son líderes transformacionales y cofundadores de O&O Academy, una escuela de filosofía y meditación cuyo objetivo es la transformación de la conciencia. En el centro de la academia se encuentra Ekam, una central de energía mística que despierta a los buscadores a la trascendencia.

Preethaji, Krishnaji y su hija, Lokaa, han creado dos grandes fundaciones de carácter benéfico: World Youth Change Makers, que trabaja para formar líderes juveniles para el cambio, y One Humanity Care, cuyo objetivo es mejorar las vidas de los habitantes de miles de aldeas alrededor de la academia en la India.

Krishnaji, filósofo y sabio, en cuya meditación se genera un vórtice de energía trascendental, es el mentor de muchos líderes globales y organizaciones mundiales.

Preethaji es mística y creadora de diversas formas acreditadas de meditación que en la actualidad se practican a nivel mundial. Más de dos millones de personas han visto sus TEDx Talks. Cada año lidera eventos de Field of

Abundance de cuatro días de duración para miles de personas en las principales ciudades del mundo, y asimismo enseña *online* los eventos Source & Synchronicities y Being Limitless. En las enseñanzas de Preethaji convergen dos mundos: el científico y el trascendental, el intelectual y el del corazón.